Curso
MAD360

*La diferencia entre aprobar
y sacar plaza*

Auxiliar Administrativo/a

JUNTA DE ANDALUCÍA

(ACCESO LIBRE)

Si aún no dispones de tu **Curso MAD360**, te ofrecemos un acceso GRATIS de 30 días para que disfrutes de los siguientes recursos:

- MADTEST: Test comentados.
- Técnicas de Memoria 360.
- Temario en formato digital.
- Vídeos.
- Esquemas.
- Pódcast.
- Planificación de estudio flexible.
- Foro entre opositores.
- Recursos y novedades exclusivas.
- Consulta sobre la oposición y el proceso selectivo.
- Actualizaciones trimestrales del temario.

Para acceder a esta prueba del Curso MAD360* será necesaria la compra de todos los libros para esta especialidad de la edición 2024.

Valida los códigos que encuentras en la última página de tus libros y disfruta de la experiencia MAD360. Y para adquirir tu Curso MAD360 pincha en la opción RENOVAR que encontrarás en tu panel.

Infórmate en: mad.es/registro-campus

NOTA IMPORTANTE:

* El acceso al CURSO MAD360 estará disponible desde agosto de 2024 (algunos recursos podrían estar disponibles en fecha posterior). Tendrá una duración de 30 días RENOVABLES mediante pago, desde la validación de códigos.

MAD se reserva el derecho a ampliar dichas fechas.

Auxiliar Administrativo/a de la Junta de Andalucía

(Acceso Libre)

Septiembre 2024

Auxiliar Administrativo/a de la Junta de Andalucía

(Acceso Libre)

Test

Autores

CRISTINA RODRÍGUEZ RÍOS
Licenciada en Derecho

JUAN CARLOS USERO LÓPEZ
Licenciado en Derecho
Funcionario del Cuerpo Superior de Administradores Generales de la Junta de Andalucía

JOSÉ LUIS SÁNCHEZ FERNÁNDEZ
Programador y Administrador de Sistemas

MIGUEL ÁNGEL NAVAS DUEÑAS
Ingeniero Superior en Telecomunicaciones
Profesor de Informática de Ciclos Formativos de Grado Medio y Bachillerato

© 7 Editores Recursos para la Cualificación Profesional y el Empleo, S.L. (7 Editores)
© Los autores
Primera edición, septiembre 2024 (204 páginas)
Derechos de edición reservados a favor de 7 Editores
IMPRESO EN ESPAÑA
Diseño Portada: 7 Editores
Edita: 7 Editores
Avda. San Francisco Javier, 9 · Edificio Sevilla 2 · Planta 11 · Módulos 25-27 · 41018 Sevilla
Teléfono: 954 784 411 · WEB: www.mad.es · e-mail: administracion@7editores.com
ISBN: 978-84-142-8502-2
© "Editorial Mad" y "Eduforma" son nombres comerciales registrados de
7 Editores Recursos para la Cualificación Profesional y el Empleo, S.L.

Índice

ÁREA JURÍDICO-ADMINISTRATIVA GENERAL

Área Jurídico Administrativa General

TEST N.º 1

La Constitución Española de 1978. Valores superiores y principios inspiradores. Derechos y libertades. Garantías y casos de suspensión

1. Según el artículo primero de la Constitución, ¿cuáles son los valores superiores de su ordenamiento jurídico?

a) La justicia, la libertad, la seguridad jurídica y la legalidad.
b) La libertad, la igualdad, la justicia y la legalidad.
c) La justicia, la libertad, la igualdad y el pluralismo político.
d) La igualdad, la seguridad, la justicia y la libertad.

2. La soberanía nacional reside:

a) En el pueblo.
b) En los poderes públicos.
c) En la Constitución.
d) En el ordenamiento jurídico.

3. La forma política del Estado español es:

a) El estado social y democrático de Derecho.
b) La monarquía parlamentaria.
c) El pluralismo político.
d) La monarquía electiva.

4. ¿Cuándo entró en vigor nuestra Constitución?

a) A los veinte días de su publicación en el Boletín Oficial del Estado.
b) El mismo día de su publicación.
c) El día 27 de diciembre de 1978.
d) Cuando fue sancionada por el Rey.

5. Los poderes del Estado, según la Constitución, emanan del:

a) Pueblo.
b) Propio ordenamiento jurídico.

c) Las Cortes.
d) La Monarquía parlamentaria.

6. La Constitución consta de una disposición final y otra derogatoria, pero, ¿sabes si tiene alguna disposición adicional o transitoria?

a) Tiene cuatro disposiciones adicionales y nueve transitorias.
b) Tiene nueve disposiciones adicionales y cuatro transitorias.
c) Solo tiene ocho disposiciones transitorias.
d) Tiene nueve disposiciones adicionales y ocho transitorias.

7. El castellano es la lengua oficial y todos los españoles tienen respecto a la misma:

a) El derecho de conocerla.
b) El deber de conocerla y el derecho a usarla.
c) La obligación de utilizarla.
d) El deber de valerse del castellano, como lengua oficial.

8. ¿Cuál es el instrumento fundamental para la participación política?

a) Las asociaciones de vecinos.
b) El referéndum.
c) La acción popular.
d) Los partidos políticos.

9. El Título en el que la Constitución se pronuncia sobre los principios rectores de la política social y económica es el:

a) Primero.
b) Tercero.
c) Quinto.
d) Octavo.

10. El Título en el que la Constitución regula la elaboración de las leyes es el:

a) Tercero.
b) Cuarto.
c) Quinto.
d) Sexto.

11. Los principios generales de la organización territorial del Estado se contemplan en nuestra Constitución en:

a) El Capítulo Primero del Título Octavo.
b) El Capítulo Segundo del Título Octavo.

c) El Capítulo Tercero del Título Octavo.
d) Todas las respuestas anteriores son falsas.

12. Los derechos y deberes de los ciudadanos se encuentran regulados en nuestra Constitución:

a) En la Sección Primera del Capítulo Segundo del Título Primero.
b) En la Sección Segunda del Capítulo Primero del Título Segundo.
c) En la Sección Segunda del Capítulo Segundo del Título Primero.
d) En la Sección Primera del Capítulo Primero del Título Preliminar.

13. Las Fuerzas Armadas están constituidas por:

a) El Ejército de Tierra, con el apoyo logístico de la Armada y del Ejército del Aire.
b) La Junta de Jefes de Estado Mayor.
c) El Ejército de Tierra, la Armada, el Ejército del Aire, y el conjunto de cuerpos y fuerzas de Seguridad del Estado.
d) El Ejército de Tierra, la Armada y el Ejército del Aire.

14. Uno de los siguientes principios no está garantizado por la Constitución:

a) El de legalidad.
b) El de jerarquía reglamentaria.
c) El de publicidad de las normas.
d) El de irretroactividad.

15. El principio de irretroactividad garantizado en la Constitución abarca:

a) A todas las normas de carácter penal.
b) A todas las disposiciones legales de cualquier orden.
c) A las disposiciones sancionadoras no favorables o restrictivas de derechos individuales.
d) A las disposiciones indicadas en la opción anterior, más aquellas que impongan penas privativas de libertad no superior a los seis años, o de multa cualquiera que fuese su cuantía.

En MADTEST tienes **más preguntas de este tema, comentadas y argumentadas**, y todos tus avances quedan registrados y se reflejan en el ranking.

¡Supera tus límites con MADTEST!

A continuación te presentamos algunos ejemplos de preguntas comentadas:

16. Solo una de los siguientes principios está garantizado constitucionalmente:

a) La seguridad del tráfico.
b) La seguridad mercantil.
c) La seguridad jurídica.
d) La seguridad ciudadana.

Respuesta correcta: c) La seguridad jurídica.

De acuerdo con el artículo 9.3 de la Constitución Española de 1978:

"3. La Constitución garantiza el principio de legalidad, la jerarquía normativa, la publicidad de las normas, la irretroactividad de las disposiciones sancionadoras no favorables o restrictivas de derechos individuales, la seguridad jurídica, la responsabilidad y la interdicción de la arbitrariedad de los poderes públicos."

17. Solo uno de los siguientes principios está garantizado constitucionalmente:

a) La responsabilidad e interdicción de la arbitrariedad de los poderes públicos.
b) La responsabilidad de la Administración Pública.
c) La interdicción de la arbitrariedad del poder judicial.
d) La responsabilidad e interdicción de la arbitrariedad de la Administración Pública, tanto nacional, como autonómica o local.

Respuesta correcta: a) La responsabilidad e interdicción de la arbitrariedad de los poderes públicos.

Según el artículo 9.3 de la Constitución Española de 1978:

"3. La Constitución garantiza el principio de legalidad, la jerarquía normativa, la publicidad de las normas, la irretroactividad de las disposiciones sancionadoras no favorables o restrictivas de derechos individuales, la seguridad jurídica, la responsabilidad y la interdicción de la arbitrariedad de los poderes públicos."

18. Una de las siguientes materias no está regulada en el Título Preliminar de la Constitución Española:

a) Las Fuerzas Armadas.
b) Los Partidos Políticos.
c) Las Cortes Generales.
d) Las Asociaciones de Empresarios.

Respuesta correcta: c) Las Cortes Generales.

Las Cortes Generales se regulan en el Título III de la Constitución Española de 1978.

19. No podrá iniciarse la reforma constitucional:

a) Durante la vigencia del estado de alarma.
b) Durante la vigencia del estado de excepción.
c) Durante la vigencia del estado de sitio.
d) Durante la vigencia de alguno de los tres estados citados.

Respuesta correcta: d) Durante la vigencia de alguno de los tres estados citados.

A tenor de lo dispuesto en el artículo 169 de la Constitución Española de 1978:

"Artículo 169. No podrá iniciarse la reforma constitucional en tiempo de guerra o de vigencia de alguno de los estados previstos en el artículo 116."

Y el artículo 116 dispone que:

"Artículo 116. 1. Una ley orgánica regulará los estados de alarma, de excepción y de sitio, y las competencias y limitaciones correspondientes."

20. Aprobada la reforma parcial de la Constitución, siempre que no afecte al Título Preliminar, a la Corona y a los derechos fundamentales y libertades públicas, ¿será preceptiva su ratificación por referéndum?

a) Sí, es obligatoria.
b) No, salvo cuando lo soliciten una décima parte de los miembros de cualquiera de las Cámaras.
c) Sí, cuando lo soliciten la mayoría de los miembros de cualquiera de las Cámaras.
d) Sí, cuando lo solicite la mayoría absoluta de los miembros de cualquiera de las Cámaras.

Respuesta correcta: b) No. salvo cuando lo soliciten una décima parte de los miembros de cualquiera de las Cámaras.

El apartado 3 del artículo 167 de la Constitución Española de 1978 dispone:

"3. Aprobada la reforma por las Cortes Generales, será sometida a referéndum para su ratificación cuando así lo soliciten, dentro de los quince días siguientes a su aprobación, una décima parte de los miembros de cualquiera de las Cámaras."

Solución al test n.º 1

1. c) La justicia, la libertad, la igualdad y el pluralismo político.

2. a) En el pueblo.

3. b) La monarquía parlamentaria.

4. b) El mismo día de su publicación.

5. a) Pueblo.

6. a) Tiene cuatro disposiciones adicionales y nueve transitorias.

7. b) El deber de conocerla y el derecho a usarla.

8. d) Los partidos políticos.

9. a) Primero.

10. a) Tercero.

11. a) El Capítulo Primero del Título Octavo.

12. c) En la Sección Segunda del Capítulo Segundo del Título Primero.

13. d) El Ejército de Tierra, la Armada y el Ejército del Aire.

14. b) El de jerarquía reglamentaria.

15. c) A las disposiciones sancionadoras no favorables o restrictivas de derechos individuales.

16. c) La seguridad jurídica.

17. a) La responsabilidad e interdicción de la arbitrariedad de los poderes públicos.

18. c) Las Cortes Generales.

19. d) Durante la vigencia de alguno de los tres estados citados.

20. b) No, salvo cuando lo soliciten una décima parte de los miembros de cualquiera de las Cámaras.

TEST N.º 2

Organización territorial del Estado. Las Comunidades Autónomas. Fundamento constitucional. Los Estatutos de Autonomía. Delimitación de las funciones y competencias del Estado y de las Comunidades Autónomas. La Administración Local: Tipología de los Entes Locales

1. El Estado se organiza territorialmente:

a) En municipios, provincias y comunidades autónomas.
b) En municipios, comarcas y comunidades autónomas.
c) En comarcas, provincias y comunidades autónomas.
d) En administración local, autonómica y nacional.

2. De autonomía para la gestión de sus respectivos intereses:

a) Solo gozan las comunidades autónomas.
b) Pueden gozar de tal autonomía las comarcas
c) Gozan nada más que los municipios y las comunidades autónomas.
d) Gozan de ella todas las entidades en que el Estado se organiza territorialmente.

3. La realización efectiva del principio de solidaridad se garantiza por el Estado:

a) Velando por el establecimiento de una renta per cápita pareja entre todos los ciudadanos del Estado.
b) Procurando el establecimiento de un equilibrio económico adecuado y justo entre las diversas provincias del territorio del Estado.
c) Atendiendo en particular a las circunstancias del hecho insular.
d) Atendiendo en particular a las circunstancias de las zonas de montaña.

4. Las diferencias entre los Estatutos de las distintas comunidades autónomas:

a) No podrán implicar, en ningún caso, un distinto tratamiento de los ingresos públicos.
b) No podrán implicar, en ningún caso, privilegios económicos o sociales.

c) Podrán consagrar los privilegios que sean procedentes, cuando su origen no se sustente en cualquier clase de discriminación.

d) La pregunta está erróneamente formulada, en tanto en cuanto todos los Estatutos han de ser idénticos.

5. Los derechos y obligaciones que los españoles tienen:

a) Serán siempre los mismos en cualquier parte del territorio del Estado.

b) Serán siempre los mismos en el territorio peninsular.

c) Serán siempre los mismos en cualquier parte del territorio del Estado los derechos y libertades consagrados en la Sección Primera, Capítulo Segundo, Título Primero de nuestra Constitución, no el resto.

d) Variarán atendiendo a la diferente interpretación que de los mismos puedan realizar los distintos Estatutos de Autonomía.

6. Las medidas que obstaculicen la libertad de circulación y establecimiento de las personas, y la libre circulación de bienes en todo el territorio del Estado:

a) Solamente podrán ser adoptadas por el propio Estado.

b) Podrán ser adoptadas por los gobiernos de las diferentes comunidades autónomas en los casos previstos constitucionalmente.

c) Solo podrán ser adoptadas por el Estado o por los gobiernos autónomos, cuando tales limitaciones se produzcan indirectamente.

d) No se podrán adoptar tales medidas por ninguna autoridad.

7. En el proceso de la iniciativa autonómica del artículo 143, ¿qué Diputaciones han de participar?

a) Todas.

b) La mayoría.

c) Las que representan mayoría del censo electoral.

d) Las que representen mayoría de población.

8. Según la Constitución, los territorios insulares:

a) Pueden formar comunidad autónoma uniprovincial.

b) Solo pueden formar comunidad autónoma uniprovincial.

c) Pueden acceder a la autonomía en cualquier caso.

d) Pueden constituir autonomías por agrupación de islas.

9. El fundamento de constitución de las comunidades autónomas radica en:

a) La indisoluble unidad de la nación española.

b) La solidaridad entre las diversas comunidades.

c) El pluralismo político.
d) El ejercicio del derecho de autonomía.

10. Para la Constitución, el acceso a la Comunidad Autónoma supone, principalmente:

a) La autogestión.
b) El autogobierno.
c) La autonomía.
d) La independencia financiera.

En MADTEST tienes **más preguntas de este tema, comentadas y argumentadas**, y todos tus avances quedan registrados y se reflejan en el ranking.

¡Supera tus límites con MADTEST!

A continuación te presentamos algunos ejemplos de preguntas comentadas:

11. Según la Constitución, las islas, como tales, pueden acceder a la autonomía:

a) Siempre.
b) Solamente en defecto de acuerdo por el órgano interinsular.
c) En ningún caso.
d) Como Cabildos o Consejos insulares.

Respuesta correcta: c) En ningún caso.

De acuerdo con el artículo 143.1 de la Constitución Española de 1978:

"Artículo 143. 1. En el ejercicio del derecho a la autonomía reconocido en el artículo 2 de la Constitución, las provincias limítrofes con características históricas, culturales y económicas comunes, los territorios insulares y las provincias con entidad regional histórica podrán acceder a su autogobierno y constituirse en Comunidades Autónomas con arreglo a lo previsto en este Título y en los respectivos Estatutos. "

12. El plazo de cumplimiento de requisitos del proceso de iniciativa en el artículo 143:

a) Siempre será de seis meses.
b) Puede ser inferior a seis meses.
c) Tiene como máximo la duración de cinco años.
d) Puede ser inferior a cinco años.

Respuesta correcta: b) Puede ser inferior a seis meses.

Según el párrafo 2 del artículo 143 de la Constitución Española de 1978:

"2. La iniciativa del proceso autonómico corresponde a todas las Diputaciones interesadas o al órgano interinsular correspondiente y a las dos terceras partes de los municipios cuya población represente, al menos, la mayoría del censo electoral de cada provincia o isla. Estos requisitos deberán ser cumplidos en el plazo de seis meses desde el primer acuerdo adoptado al respecto por alguna de las Corporaciones locales interesadas. "

13. El proceso de la iniciativa autonómica se integra, entre otros requisitos, del acuerdo de municipios que representen:

a) Las 2/3 partes del censo electoral.
b) La mayoría del censo electoral.
c) La mayoría de votos válidamente emitidos.
d) La 2/3 partes de los municipios con población que suponga la mayoría del censo electoral de cada provincia.

Respuesta correcta: d) La 2/3 partes de los municipios con población que suponga la mayoría del censo electoral de cada provincia.

Conforme al párrafo 2 del artículo 143 de la Constitución Española de 1978:

"2. La iniciativa del proceso autonómico corresponde a todas las Diputaciones interesadas o al órgano interinsular correspondiente y a las dos terceras partes de los municipios cuya población represente, al menos, la mayoría del censo electoral de cada provincia o isla. Estos requisitos deberán ser cumplidos en el plazo de seis meses desde el primer acuerdo adoptado al respecto por alguna de las Corporaciones locales interesadas."

14. Los requisitos para la iniciativa autonómica, previstos en la Constitución, son de carácter:

a) Alternativo.
b) Opcional.
c) Electivo.
d) Acumulativo.

Respuesta correcta: d) Acumulativo.

A tenor de lo dispuesto en el párrafo 2 del artículo 143 de la Constitución Española de 1978:

"2. La iniciativa del proceso autonómico corresponde a todas las Diputaciones interesadas o al órgano interinsular correspondiente y a las dos terceras partes de los municipios cuya población represente, al menos, la mayoría del censo electoral de cada provincia o isla. Estos requisitos deberán ser cumplidos en el plazo de seis meses desde el primer acuerdo adoptado al respecto por alguna de las Corporaciones locales interesadas."

15. El plazo de seis meses que se prevé para el cumplimiento de la iniciativa autonómica se computa desde:

a) El primer acuerdo adoptado hasta el último acuerdo necesario.
b) Que existe el requisito de iniciativa autonómica.
c) El primer acuerdo adoptado hasta la aprobación del proceso de autonomía.
d) El primer acuerdo adoptado al respecto.

Respuesta correcta: d) El primer acuerdo adoptado al respecto.

El párrafo 2 del artículo 143 de la Constitución Española de 1978 dispone:

"2. La iniciativa del proceso autonómico corresponde a todas las Diputaciones interesadas o al órgano interinsular correspondiente y a las dos terceras partes de los municipios cuya población represente, al menos, la mayoría del censo electoral de cada provincia o isla. Estos requisitos deberán ser cumplidos en el plazo de seis meses desde el primer acuerdo adoptado al respecto por alguna de las Corporaciones locales interesadas."

Solución al test n.º 2

1. a) En municipios, provincias y comunidades autónomas.

2. d) Gozan de ella todas las entidades en que el Estado se organiza territorialmente.

3. c) Atendiendo en particular a las circunstancias del hecho insular.

4. b) No podrán implicar, en ningún caso, privilegios económicos o sociales.

5. a) Serán siempre los mismos en cualquier parte del territorio del Estado.

6. d) No se podrán adoptar tales medidas por ninguna autoridad.

7. a) Todas.

8. c) Pueden acceder a la autonomía en cualquier caso.

9. d) El ejercicio del derecho de autonomía.

10. b) El autogobierno.

11. c) En ningún caso.

12. b) Puede ser inferior a seis meses.

13. d) La 2/3 partes de los municipios con población que suponga la mayoría del censo electoral de cada provincia.

14. d) Acumulativo.

15. d) El primer acuerdo adoptado al respecto.

TEST N.º 3

La Comunidad Autónoma de Andalucía: Antecedentes histórico-culturales. El Estatuto de Autonomía para Andalucía: Fundamento, estructura y contenido básico. Competencias de la Comunidad Autónoma. Reforma del Estatuto

1. La población judeo-sefardí fue expulsada de la Península Ibérica en el año:

a) 1501.
b) 1492.
c) 1650.
d) 1485.

2. La repoblación llevada a cabo en nuestro país con grupos procedentes del norte de Europa la impulsó:

a) Carlos I.
b) Felipe II.
c) Carlos III.
d) Felipe V.

3. El Sexenio Revolucionario se produjo en el período:

a) 1812–1818.
b) 1852–1858.
c) 1868–1874.
d) 1878–1864.

4. La Constitución Cantonal se redacta en la Asamblea de:

a) Ronda.
b) Carmona.
c) Sevilla.
d) Antequera.

5. La Ley para la Reforma Política es la:

a) 1/1977.
b) 5/1978.
c) 2/1981.
d) 8/1876.

6. Dicha Ley se sometió a referéndum el:

a) 28 de febrero de 1981.
b) 6 de diciembre de 1979.
c) 15 de diciembre de 1976.
d) 20 de diciembre de 1975.

7. El régimen preautonómico se reguló por:

a) Ley 1/1977.
b) RD-Ley 11/1978.
c) Ley 5/1978.
d) RD 5/1978.

8. La Junta Preautonómica de Andalucía redacta el llamado:

a) Estatuto de Antequera.
b) Estatuto de Ronda.
c) Estatuto de Carmona.
d) Estatuto de Isla Cristina.

9. Blas Infante Pérez nació en:

a) Sevilla.
b) Antequera.
c) Ronda.
d) Casares.

10. Blas Infante Pérez aprobó las oposiciones a:

a) Registrador de la Propiedad.
b) Notario.
c) Abogado del Estado.
d) Inspector de Hacienda.

11. La Asamblea de Ronda se celebra en:

a) 1918.
b) 1928.

c) 1933.
d) 1936.

12. En el escudo de Andalucía, a los pies de los leones, reza la siguiente leyenda:

a) Dominator Hercules Fundador.
b) Andalucía por sí.
c) Andalucía por sí, para España y Europa.
d) Andalucía por sí, para España y la Humanidad.

13. La bandera de Andalucía fue aprobada por:

a) La Constitución de 1812.
b) Asamblea de Ronda de 1918.
c) Manifiesto de Córdoba.
d) Asamblea de Córdoba.

14. El día de Andalucía es el:

a) 6 de diciembre.
b) 3 de marzo.
c) 28 de febrero.
d) 21 de febrero.

15. Blas Infante Pérez es ejecutado el:

a) 2 de agosto de 1936.
b) 11 de agosto de 1936.
c) 6 de agosto de 1936.
d) 4 de agosto de 1936.

En MADTEST tienes **más preguntas de este tema, comentadas y argumentadas**, y todos tus avances quedan registrados y se reflejan en el ranking.

¡Supera tus límites con MADTEST!

A continuación te presentamos algunos ejemplos de preguntas comentadas:

16. El referéndum para la autonomía andaluza se celebró el día:

a) 4 de diciembre de 1977.
b) 28 de febrero de 1978.

c) 28 de febrero de 1980.
d) 23 de febrero de 1981.

Respuesta correcta: c) 28 de febrero de 1980.

Las manifestaciones multitudinarias del 4 de diciembre de 1977 y el referéndum de 28 de febrero de 1980 expresaron la voluntad del pueblo andaluz de situarse en la vanguardia de las aspiraciones de autogobierno de máximo nivel en el conjunto de los pueblos de España.

17. ¿Qué procedimiento es más rápido para la elaboración de los Estatutos de las Comunidades Autónomas?

a) El del artículo 4 de la Constitución.
b) El del artículo 151 de la Constitución.
c) El del artículo 143 de la Constitución.
d) El del artículo 158 de la Constitución.

Respuesta correcta: b) El del artículo 151 de la Constitución.

La Constitución Española reconoce dos vías principales de acceso a la Autonomía, que giran en torno al mayor o menor tiempo posible para alcanzar el máximo de competencias previstas:

Una vía lenta, la del artículo 143, que supone la atribución de unas competencias iniciales para posteriormente, y tras un plazo de funcionamiento de 5 años, poder adquirir el techo competencial máximo. Y una vía rápida, la regulada en el artículo 151, que posibilita conseguir el techo competencial máximo desde el mismo momento de la constitución de la Comunidad Autónoma.

18. Iniciado el procedimiento para la elaboración de un Estatuto de Autonomía por la vía del artículo 151, y una vez el proyecto de Estatuto ha sido aprobado en cada provincia, ¿cuál es el trámite siguiente?

a) Elevarlo al Gobierno de la Nación.
b) Someterlo a la sanción por el Rey.
c) Elevarlo a las Cortes Generales.
d) Elevarlo al Presidente del Gobierno para su aprobación.

Respuesta correcta: c) Elevarlo a las Cortes Generales.

Los trámites para la aprobación de un Estatuto por la vía del art. 151 de nuestro Texto Constitucional, que fue la utilizada por la Comunidad Autónoma son los siguientes:

– El Gobierno convocará a todos los Diputados y Senadores elegidos por las circunscripciones comprendidas en el ámbito territorial que pretenda acceder al autogobierno para que se constituyan en Asamblea, a los solos efectos de elaborar el correspondiente proyecto de Estatuto de Autonomía de Andalucía, mediante el acuerdo de la mayoría absoluta de sus miembros.

– Aprobado el proyecto de Estatuto por la Asamblea de Parlamentarios, se remitirá a la Comisión Constitucional del Congreso, la cual, dentro del plazo de 2 meses, lo examinará con el concurso y asistencia de una delegación de la Asamblea proponente para determinar de común acuerdo su formulación definitiva.

– Si se alcanzare dicho acuerdo, el texto resultante será sometido a referéndum del cuerpo electoral de las provincias comprendidas en el ámbito territorial del proyectado Estatuto.

– Si el proyecto del Estatuto es aprobado en cada provincia por la mayoría de los votos válidamente emitidos, será elevado a las Cortes Generales. Los plenos de ambas Cámaras decidirán sobre el texto mediante un voto de ratificación. Aprobado el Estatuto, el Rey lo sancionará y lo promulgará como Ley.

– De no alcanzarse acuerdo en la Comisión Constitucional el proyecto de Estatuto será tramitado como proyecto de Ley ante las Cortes Generales, siendo sometido posteriormente a referéndum.

19. ¿Cuál es la norma institucional básica de cada Comunidad Autónoma?

a) La Constitución Autonómica.
b) El Estatuto de Autonomía.
c) La Ley Orgánica que al respecto dicte cada Comunidad Autónoma.
d) Ninguna, pues se somete a todas y cada una de las leyes del Estado.

Respuesta correcta: b) El Estatuto de Autonomía.

De acuerdo con lo dispuesto en el artículo 1.3º, los poderes de la Comunidad Autónoma de Andalucía emanan de la Constitución y del pueblo andaluz, en los términos del presente Estatuto de Autonomía, que es su norma institucional básica.

20. La bandera de Andalucía está formada por:

a) Tres franjas verticales –verde, blanca y verde– de igual anchura.
b) Dos franjas horizontales una verde y otra blanca.
c) Tres franjas horizontales –blanca, verde y blanca– de igual anchura.
d) Tres franjas horizontales –verde, blanca y verde– de igual anchura.

Respuesta correcta: d) Tres franjas horizontales –verde, blanca y verde– de igual anchura.

La bandera de Andalucía es la tradicional formada por tres franjas horizontales –verde, blanca y verde– de igual anchura, tal como fue aprobada en la Asamblea de Ronda de 1918.

Solución al test n.º 3

1. b) 1492.

2. c) Carlos III.

3. c) 1868–1874.

4. d) Antequera.

5. a)1/1977.

6. c) 15 de diciembre de 1976.

7. b) RD-Ley 11/1978.

8. c) Estatuto de Carmona.

9. d) Casares.

10. b) Notario.

11. a) 1918.

12. d) Andalucía por sí, para España y la Humanidad.

13. b) Asamblea de Ronda de 1918.

14. c) 28 de febrero.

15. b) 11 de agosto de 1936.

16. c) 28 de febrero de 1980.

17. b) El del artículo 151 de la Constitución.

18. c) Elevarlo a las Cortes Generales.

19. b) El Estatuto de Autonomía.

20. d) Tres franjas horizontales –verde, blanca y verde– de igual anchura.

TEST N.º 4

Organización Institucional de la Comunidad Autónoma de Andalucía. El Parlamento de Andalucía. El Presidente de la Junta de Andalucía y el Consejo de Gobierno. El Poder Judicial en Andalucía. Otras Instituciones de autogobierno. La Oficina Andaluza contra el Fraude y la Corrupción

1. La legislación electoral específica de Andalucía, se contiene en:

a) La Ley Orgánica 5/1985, de 19 de junio, del Régimen Electoral General.
b) La Ley del Parlamento de Andalucía 1/1986, de 2 de enero.
c) Ley del Parlamento de Andalucía 1/2014, de 24 de junio.
d) Ley del Parlamento de Andalucía 6/1985, de 28 de noviembre.

2. De acuerdo con el artículo 126.1 de la LO 2/2007, de 19 de marzo, de reforma del Estatuto de Autonomía para Andalucía, el Parlamento puede exigir la responsabilidad política del Consejo de Gobierno, mediante la adopción por mayoría absoluta de la moción de censura, la cual habrá de ser propuesta por:

a) Al menos, por una tercera parte de los parlamentarios.
b) Al menos, por una cuarta parte de los parlamentarios.
c) Al menos, por una quinta parte de los parlamentarios.
d) Al menos, por una décima parte de los parlamentarios.

3. Según la legislación electoral específica de Andalucía, son inelegibles:

a) El Presidente del Consejo Consultivo, los Consejeros de la Cámara de Cuentas y el Presidente del Consejo Económico y Social, de Andalucía.
b) Los Consejeros electivos del Consejo Consultivo y los Consejeros de la Cámara de Cuentas de Andalucía.
c) El Defensor del Pueblo Andaluz y sus Adjuntos.
d) Todos estos cargos carecen del derecho a sufragio pasivo.

4. De acuerdo con la legislación electoral específica de Andalucía, además de los comprendidos en el artículo 155.2 a), b), c) y d) de la Ley Orgánica del Régimen Electoral General, son incompatibles:

a) Los Diputados del Congreso.
b) Los Diputados del Parlamento Europeo.
c) Los Jefes de los Gabinetes de los miembros del Consejo de Gobierno de la Junta de Andalucía.
d) Todos estos cargos son incompatibles.

5. Los Diputados del Parlamento de Andalucía no podrán percibir más de una retribución con cargo a sus presupuestos, sin perjuicio de las dietas y gastos de desplazamiento que en cada caso correspondan por las actividades que pudieran ser declaradas compatibles, sin que estas puedan superar el:

a) 5 % en cómputo anual de las percepciones que como retribución fija y periódica devenguen como Diputados del Parlamento de Andalucía.
b) 10 % en cómputo anual de las percepciones que como retribución fija y periódica devenguen como Diputados del Parlamento de Andalucía.
c) 15 % en cómputo anual de las percepciones que como retribución fija y periódica devenguen como Diputados del Parlamento de Andalucía.
d) 20 % en cómputo anual de las percepciones que como retribución fija y periódica devenguen como Diputados del Parlamento de Andalucía.

6. Según la legislación electoral específica de Andalucía, los altos cargos (Presidenta y Consejeros de la Junta de Andalucía) que ostenten la condición de Diputado:

a) Podrán percibir retribución o percepción sin que estas puedan superar el 5 % en cómputo anual de las percepciones que como retribución fija y periódica devenguen como alto cargo de la Junta de Andalucía.
b) En ningún caso podrán percibir retribución o percepción de cantidad alguna que por cualquier concepto pudiera corresponderles por su condición de Diputado.
c) Podrán percibir retribución o percepción sin que estas puedan superar el 10 % en cómputo anual de las percepciones que como retribución fija y periódica devenguen como alto cargo de la Junta de Andalucía.
d) Podrán percibir retribución o percepción sin que estas puedan superar el 15 % en cómputo anual de las percepciones que como retribución fija y periódica devenguen como alto cargo de la Junta de Andalucía.

7. Los parlamentarios andaluces que reúnan la condición de profesores universitarios podrán colaborar, en el seno de la Universidad:

a) En actividades a tiempo parcial de docencia de carácter extraordinario que no afecten a la dirección y control de los servicios.
b) En actividades a tiempo completo de investigación de carácter extraordinario que no afecten a la dirección y control de los servicios.

c) En actividades a tiempo parcial de carácter administrativo extraordinario que no afecten a la dirección y control de los servicios.

d) En actividades a tiempo parcial de investigación de carácter extraordinario que afecten a la dirección y control de los servicios.

8. Las retribuciones como Diputado respecto a la percepción, durante el ejercicio del mandato parlamentario, de pensiones de derechos pasivos o de cualquier régimen de Seguridad Social público y obligatorio:

a) Serán compatibles.

b) Son incompatibles.

c) Son compatibles y se cobra la pensión mínima.

d) Solo son incompatibles si se trata de una pensión de derechos pasivos por la condición de funcionario público.

9. Conforme a la Ley Electoral de Andalucía, el mandato de los Diputados del Parlamento de Andalucía es incompatible con el desempeño de actividades privadas. En particular, es compatible con la realización de las conductas siguientes:

a) Las actividades de gestión, defensa, dirección o asesoramiento ante cualesquiera organismos o empresas del sector público estatal, autonómico o local respecto de asuntos que hayan de resolverse por ellos, que afecten directamente a la realización de algún servicio público o que estén encaminados a la obtención de subvenciones o avales públicos.

b) Las actividades particulares que, en ejercicio de un derecho reconocido, realicen los directamente interesados, así como las subvenciones o avales cuya concesión se derive de la aplicación automática de lo dispuesto en una ley o reglamento de carácter general.

c) La actividad de contratista o fiador de obras, servicios, suministros y, en general, cualesquiera contratos que se paguen con fondos de organismos o empresas del sector público estatal, autonómico o local, o el desempeño de puestos o cargos que lleven anejas funciones de dirección, representación, asesoramiento o prestación de servicios en compañías o empresas que se dediquen a dichas actividades.

d) La prestación de servicios de asesoramiento o de cualquier otra índole, con titularidad individual o compartida, en favor de organismos o empresas del sector público estatal, autonómico o local.

10. De la prohibición de ejercicio de actividades públicas y privadas, se exceptúan las siguientes:

a) La mera administración del patrimonio personal o familiar.

b) Las actividades privadas cuando el interesado, su cónyuge o persona vinculada a aquel en análoga relación de convivencia afectiva y descendientes menores de edad, conjunta o separadamente, tengan participación superior al 10 por 100 en actividades empresariales o profesionales de toda índole que tengan conciertos, concesiones o contratos con organismos o empresas del sector público estatal, autonómico o local.

c) La participación superior al 10 por 100, adquirida en todo o en parte con posterioridad a la fecha de su elección como Diputado, en empresas o sociedades que tengan contratos de obras, servicios, suministros con empresas del sector público estatal, autonómico o local.

d) Todas las respuestas son correctas.

11. Los Diputados, con arreglo a lo que determine el Reglamento de la Cámara, estarán obligados a formular declaración de todas las actividades que puedan constituir causa de incompatibilidad, y de cualesquiera otras actividades que les proporcionen o puedan proporcionar ingresos económicos, así como de sus bienes patrimoniales, intereses y retribuciones íntegras que puedan percibir por el desempeño de actividades compatibles, debiendo formularla:

a) Solamente al adquirir la condición de parlamentarios.

b) Al perder su condición de parlamentarios.

c) Cuando se presentan a las elecciones y son incluidos en una candidatura.

d) Todas las repuestas son incorrectas.

12. Las declaraciones sobre actividades, bienes, intereses y retribuciones de los parlamentarios se formularán por separado. ¿Quién aprobará los modelos?

a) El Presidente de la Cámara.

b) El Pleno de la Cámara.

c) La Mesa de la Cámara.

d) El Letrado Mayor del Parlamento.

13. El Registro de Actividades, Bienes, Intereses y Retribuciones constituido en la Cámara estará bajo la dependencia directa de:

a) El Presidente de la Cámara.

b) La Junta de Portavoces.

c) La Mesa de la Cámara.

d) El Letrado Mayor del Parlamento.

14. La declaración de actividades de los parlamentarios incluirá:

a) Cualesquiera actividades que se ejercieran y que puedan constituir causa de incompatibilidad conforme a lo establecido en esta ley.

b) Las que, con arreglo a la ley, puedan ser de ejercicio compatible.

c) En general, cualesquiera actividades que proporcionen o puedan proporcionar ingresos económicos.

d) Todas las respuestas son correctas.

15. Los Diputados deberán presentar en la Secretaría General de la Cámara las autoliquidaciones tributarias del último ejercicio económico declarado, correspondientes al Impuesto sobre la Renta de las Personas Físicas y, en su caso, al Impuesto sobre el Patrimonio, antes del:

a) 1 de enero de cada año natural.
b) 1 de agosto de cada año natural.
c) 1 de septiembre de cada año natural.
d) 1 de diciembre de cada año natural.

En MADTEST tienes **más preguntas de este tema, comentadas y argumentadas**, y todos tus avances quedan registrados y se reflejan en el ranking.

¡Supera tus límites con MADTEST!

A continuación te presentamos algunos ejemplos de preguntas comentadas:

16. En relación con las autoliquidaciones tributarias de los cónyuges o parejas de hecho debidamente inscritas de los Diputados:

a) Deberán aportarlas en la misma fecha.
b) Podrán aportarlas.
c) Estarán, una vez presentadas, disponibles para toda la Cámara.
d) Serán objeto de publicidad en el Portal de Transparencia del Parlamento de Andalucía, en todo caso junto con las de los Diputados.

Respuesta correcta: b) Podrán aportarlas.

Los Diputados podrán aportar, asimismo, las autoliquidaciones tributarias de sus cónyuges o parejas de hecho debidamente inscritas, aunque estarán disponibles únicamente para la Comisión del Estatuto de los Diputados, previa resolución motivada de la misma, en relación con el cumplimiento de sus funciones.

17. El Registro de Actividades, Bienes, Intereses y Retribuciones de los Diputados tendrá carácter público. El contenido de las declaraciones inscritas en este Registro se publicará en:

a) El Boletín Oficial del Parlamento de Andalucía.
b) El Boletín Oficial de la Junta de Andalucía.
c) Los boletines oficiales de las ocho provincias andaluzas.
d) Las respuestas a) y b) son correctas.

Respuesta correcta: d) Las respuestas a) y b) son correctas.

El Registro de Actividades, Bienes e Intereses tendrá carácter público. El contenido de las declaraciones inscritas en el Registro se publicará en el *Boletín Oficial del Parlamento de Andalucía* y en el *Boletín Oficial de la Junta de Andalucía*, y estará disponible en Internet.

18. La resolución sobre supuestos de posible incompatibilidad de los Diputados, siguiendo el procedimiento y con los efectos establecidos en el Reglamento de la Cámara, corresponde:

a) Al Presidente de la Cámara.
b) Al Pleno de la Cámara.
c) A la Mesa de la Cámara.
d) Al Letrado Mayor del Parlamento.

Respuesta correcta: b) Al Pleno de la Cámara.

La resolución sobre supuestos de posible incompatibilidad de los Diputados corresponde al Pleno, siguiendo el procedimiento y con los efectos establecidos en el Reglamento de la Cámara.

19. La Junta Electoral de Andalucía es un órgano permanente y está compuesto por:

a) Cuatro vocales Magistrados del Tribunal Superior de Justicia, designados por insaculación celebrada ante su Sala de gobierno.
b) Cuatro vocales Magistrados del Tribunal Supremo, designados por insaculación celebrada ante su Sala de gobierno.
c) Cuatro vocales Catedráticos de Derecho en activo, designados a propuesta conjunta de los partidos, federaciones, coaliciones o agrupaciones de electores con representación en el Parlamento.
d) Cuatro vocales Profesores titulares de Derecho en activo, designados a propuesta conjunta de los partidos, federaciones, coaliciones o agrupaciones de electores con representación en el Parlamento.

Respuesta correcta: a) Cuatro vocales Magistrados del Tribunal Superior de Justicia, designados por insaculación celebrada ante su Sala de gobierno.

La Junta Electoral de Andalucía es un órgano permanente y está compuesta por:

a) Cuatro Vocales Magistrados del Tribunal Superior de Justicia, designados por insaculación celebrada ante su sala de gobierno.

20. Las designaciones de los miembros de la Junta Electoral de Andalucía deben realizarse dentro de:

a) Los veinticinco días siguientes a la sesión constitutiva del Parlamento.
b) Los treinta días siguientes a la sesión constitutiva del Parlamento.

c) Los cuarenta días siguientes a la sesión constitutiva del Parlamento.

d) Los noventa días siguientes a la sesión constitutiva del Parlamento.

Respuesta correcta: d) Los noventa días siguientes a la sesión constitutiva del Parlamento.

Las designaciones a que se refiere el número anterior deben realizarse dentro de los noventa días siguientes a la sesión constitutiva del Parlamento. Cuando la propuesta de las personas previstas en el apartado b) del número anterior no tenga lugar en dicho plazo, la Mesa del Parlamento, oídos los Grupos políticos presentes en la Cámara, procederá a su designación en consideración a la representación existente en la misma.

Solución al test n.º 4

1. b) La Ley del Parlamento de Andalucía 1/1986, de 2 de enero.

2. b) Al menos, por una cuarta parte de los parlamentarios.

3. d) Todos estos cargos carecen del derecho a sufragio pasivo.

4. d) Todos estos cargos son incompatibles.

5. b) 10 % en cómputo anual de las percepciones que como retribución fija y periódica devenguen como Diputados del Parlamento de Andalucía.

6. b) En ningún caso podrán percibir retribución o percepción de cantidad alguna que por cualquier concepto pudiera corresponderles por su condición de Diputado.

7. a) En actividades a tiempo parcial de docencia de carácter extraordinario que no afecten a la dirección y control de los servicios.

8. b) Son incompatibles.

9. b) Las actividades particulares que, en ejercicio de un derecho reconocido, realicen los directamente interesados, así como las subvenciones o avales cuya concesión se derive de la aplicación automática de lo dispuesto en una ley o reglamento de carácter general.

10. a) La mera administración del patrimonio personal o familiar.

11. b) Al perder su condición de parlamentarios.

12. c) La Mesa de la Cámara.

13. a) El Presidente de la Cámara.

14. d) Todas las respuestas son correctas.

15. b) 1 de agosto de cada año natural.

16. b) Podrán aportarlas.

17. d) Las respuestas a) y b) son correctas.

18. b) Al Pleno de la Cámara.

19. a) Cuatro vocales Magistrados del Tribunal Superior de Justicia, designados por insaculación celebrada ante su Sala de gobierno.

20. d) Los noventa días siguientes a la sesión constitutiva del Parlamento.

TEST N.º 5

Organización de la Administración de la Junta de Andalucía: principios de organización, actuación y atención ciudadana. Organización central y territorial de la Administración de la Junta de Andalucía. Entidades instrumentales de la Administración de la Junta de Andalucía

1. La Subdelegación del Gobierno de la Junta de Andalucía en el Campo de Gibraltar se encuentra adscrita al siguiente órgano:

a) A la Delegación del Gobierno de la Junta de Andalucía en Cádiz.
b) A la Delegación del Gobierno de la Junta de Andalucía en Sevilla.
c) A la Delegación territorial de la Junta de Andalucía en Cádiz.
d) Ninguna es correcta.

2. El principio de jerarquía no implica:

a) Posibilidad de dirigir, impulsar y fiscalizar a los inferiores.
b) Dictar Órdenes, Circulares e Instrucciones para la ejecución por los subordinados.
c) Resolución de conflictos entre órganos inferiores.
d) Posibilidad de anular, reformar o revocar actos dictados por los órganos superiores; de delegar en ellos funciones; avocar para sí las atribuciones o sustituirlos en su ejercicio.

3. Son manifestaciones del principio de coordinación:

a) La creación de Comisiones Delegadas del Consejo de Gobierno.
b) La creación de la Comisión General de Viceconsejeros/as.
c) La creación de las Delegaciones del Gobierno de la Junta de Andalucía en cada una de las ocho provincias.
d) Todas las anteriores son, entre otras, las manifestaciones de dicho principio.

4. Colaborar con el resto de Administraciones Públicas para la ejecución de los actos dictados por alguna de ellas en Andalucía es una regla que se refiere a:

a) Las relaciones intraadministrativas.
b) Las relaciones interadministrativas.

c) Las relaciones extraadministrativas.
d) Las relaciones pluriadministrativas.

5. Según el art. 7 de la LAJA, la aplicación de las tecnologías de la información a la Administración estará orientada a:

a) Mejorar su eficiencia, aproximarla a la ciudadanía y agilizar la gestión administrativa.
b) Mejorar su eficacia, aproximarla a la ciudadanía y agilizar la gestión procedimental.
c) Mejorar su equidad, aproximarla a la ciudadanía y agilizar la gestión administrativa.
d) Mejorar su eficacia, aproximarla a la ciudadanía y agilizar la gestión administrativa.

6. En caso de vacante, las competencias de la Delegación del Gobierno de la Junta de Andalucía serán ejercidas:

a) Por el titular de la Vicepresidencia del Gobierno andaluz.
b) Por el titular de otra Delegación Provincial o, en su caso, de la Delegación Territorial que designe la persona titular de la Consejería de la Presidencia, Interior, Diálogo Social y Simplificación Administrativa.
c) Por el titular de otra Delegación Provincial o, en su caso, de la Delegación Territorial que designe la persona titular de la Consejería a la que se encuentren adscritas las Delegaciones del Gobierno.
d) Por el titular exclusivamente de otra Delegación Territorial que designe la persona titular de la Consejería a la que se encuentren adscritas las Delegaciones del Gobierno.

7. Los titulares de las Delegaciones del Gobierno tendrán el rango de:

a) Secretario General.
b) Viceconsejero/a.
c) Director general.
d) Ninguna respuesta es correcta.

8. El nombramiento y cese de los Delegados del Gobierno:

a) Se hará por Decreto del Consejo de Gobierno, a propuesta de la persona titular de la Consejería a la que se encuentren adscritos.
b) Se hará por Decreto del Consejo de Gobierno, a propuesta de la Consejería de la Presidencia, Interior, Diálogo Social y Simplificación Administrativa.
c) Se hará por Decreto del Consejo de Gobierno, a propuesta conjunta de la Presidencia del Gobierno Andaluz.
d) Se hará por Decreto del Consejo de Gobierno, a propuesta de la Vicepresidencia del Gobierno andaluz.

9. En caso de ausencia o enfermedad del Delegado del Gobierno de la Junta de Andalucía será sustituido por:

a) El titular de la Delegación Provincial o, en su caso, por el titular de la Delegación Territorial que designe aquel como suplente.

b) Exclusivamente por el Delegado Provincial o Territorial de la Consejería de la Presidencia, Interior, Diálogo Social y Simplificación Administrativa.

c) El titular de la Secretaría General.

d) Ninguna es correcta.

10. La Dirección General de Movilidad y transportes se encuentra en la:

a) Consejería de Fomento, Articulación del Territorio y Vivienda.

b) Consejería de Agricultura, Pesca, Agua y Desarrollo Rural.

c) Consejería de Inclusión Social, Juventud, Familias e Igualdad.

d) Ninguna de las respuestas anteriores es correcta.

11. En cuanto a la encomienda de gestión de actuaciones competencia de las Consejerías, de sus agencias y del resto de entidades a favor de entes que tengan la consideración de medios propios:

a) Se formalizará mediante resolución dictada por la persona competente de la entidad encomendante, que deberá incluir, además de los antecedentes que procedan, la determinación de las actuaciones a realizar, la forma y condiciones de realización de los trabajos, su plazo de ejecución, su importe, la aplicación presupuestaria a la que, en su caso, se imputa el gasto, así como sus anualidades y los importes de cada una de ellas, la persona designada para dirigir la actuación a realizar y, finalmente, los compromisos y obligaciones que deberá asumir la entidad que reciba la encomienda, justificándose, en todo caso, la necesidad o conveniencia de realización de los trabajos a través de esta figura.

b) La determinación de su importe se efectuará según la valoración económica que figure en el correspondiente proyecto o presupuesto técnico en que se definan los trabajos o actuaciones objeto del encargo, que deberá representar su coste de realización material.

c) Ninguna de las respuestas anteriores es correcta.

d) Son correctas las respuestas a) y b).

12. ¿Cuáles son los órganos centrales de dirección del Instituto Andaluz de la Juventud (IAJ)?

a) El Presidente o Presidenta, Consejo Rector, Director general y Subdirector general.

b) El Presidente o Presidenta, Consejo de Dirección, Director general y Subdirector general.

c) El Presidente o Presidenta, Consejo Rector, Director general, Subdirector general, y los directores provinciales.

d) El Presidente o Presidenta, Vicepresidente/a, Consejo Rector, Director general y Subdirector general.

13. El Centro Andaluz de Arte Contemporáneo tendrá por finalidad:

a) Aglutinar y potenciar las actividades de fomento, conservación, investigación y difusión de todas las áreas vinculadas con el arte contemporáneo en sus múltiples manifestaciones

b) Adquirir todo tipo de bienes que puedan integrar el arte contemporáneo

c) Promover todo tipo de actividades que sean objeto de estudio o divulgación en materia artística contemporánea

d) Ninguna de las anteriores es correcta.

14. La encomienda de gestión de actividades y servicios que sean competencia de otras Administraciones Públicas en favor de órganos o agencias dependientes de la Administración de la Junta de Andalucía:

a) Requerirá la aceptación del Consejo de Gobierno y será formalizada mediante la firma del correspondiente convenio, que habrá de ser publicado en el Boletín Oficial de la Junta de Andalucía.

b) Requerirá la aceptación del Parlamento de Andalucía y será formalizada mediante la firma del correspondiente convenio, que habrá de ser publicado en el Boletín Oficial de la Junta de Andalucía.

c) Requerirá la aceptación del Consejo de Gobierno y será formalizada mediante la firma del correspondiente convenio, que habrá de ser publicado en el Boletín Oficial de la Junta de Andalucía y en el Boletín Oficial del Estado.

d) Requerirá la aceptación de la persona titular de la Presidencia del Gobierno de Andalucía y será formalizada mediante la firma del correspondiente convenio, que habrá de ser publicado en el Boletín Oficial de la Junta de Andalucía.

15. ¿Cuál no es una función del Instituto Andaluz de la Juventud (IAJ)?

a) La planificación, programación, organización, seguimiento y evaluación de las actuaciones en materia de juventud, así como la colaboración con otras Administraciones Públicas y Entidades en el ámbito territorial de nuestra Comunidad Autónoma.

b) Fomento, programación y desarrollo de la Animación Sociocultural en Andalucía, así como incentivación de la investigación, mediante la creación de un observatorio social. A estos efectos dependerá del Instituto Andaluz de la Juventud la Escuela Pública de Tiempo Libre y Animación Sociocultural de Andalucía.

c) La ordenación, planificación, coordinación y gestión de las materias relativas a las Oficinas de Intercambio y Turismo de Jóvenes y Estudiantes, de los Espacios de Juventud, y de las Instalaciones Juveniles, a través de la Empresa Pública Andaluza de Gestión de Instalaciones y Turismo Juvenil (INTURJOVEN, SA).

d) Fomento de la participación, promoción, información y formación en materia de juventud y turismo juvenil (incluyendo para ello la elaboración de una red de albergues juveniles –red AJ–). A estos efectos está adscrito el Consejo de la Juventud de Andalucía.

En MADTEST tienes **más preguntas de este tema, comentadas y argumentadas**, y todos tus avances quedan registrados y se reflejan en el ranking.

¡Supera tus límites con MADTEST!

A continuación te presentamos algunos ejemplos de preguntas comentadas:

16. El art. 19 de la LAJA indica que el órgano colegiado está compuesto por:

a) Tres o más miembros.
b) Cuatro o más miembros.
c) Dos o más miembros.
d) Cinco o más miembros.

Respuesta correcta: a) Tres o más miembros.

El artículo 19 de la LAJA indica que son órganos colegiados los que están compuestos por tres o más miembros que, reunidos en sesión convocada al efecto, deliberan y acuerdan colegiadamente sobre el ejercicio de las funciones que les están encomendadas.

En la composición de los órganos colegiados de la Administración de la Junta de Andalucía deberá respetarse la representación equilibrada de mujeres y hombres en los términos previstos en el apartado 2 del artículo 18 de la LAJA. Este mismo criterio de representación se observará en la modificación o renovación de dichos órganos. A tal efecto, se tendrá en cuenta lo siguiente:

a) Del cómputo se excluirán aquellos miembros que formen parte del órgano en función del cargo específico que desempeñen.

b) Cada una de las instituciones, organizaciones y entidades que designen o propongan representantes deberá tener en cuenta la composición de género que permita la representación equilibrada.

17. ¿Cuál es una de las funciones de la Presidencia del órgano colegiado según la LAJA?

a) Acordar la convocatoria de las sesiones y determinar el orden del día, sin tener en cuenta, en su caso, las peticiones presentadas por los restantes miembros con antelación suficiente.
b) Visar las actas y las certificaciones de los acuerdos del órgano, con el Visto Bueno del titular de la Secretaría del órgano colegiado.
c) Dirimir con su voto los empates para la adopción de acuerdos, salvo que las normas reguladoras de los órganos colegiados de participación administrativa o social dispongan otra cosa.
d) Presidir las sesiones sin moderar el desarrollo de los debates.

Respuesta correcta: c) Dirimir con su voto los empates para la adopción de acuerdos, salvo que las normas reguladoras de los órganos colegiados de participación administrativa o social dispongan otra cosa.

Son funciones de la persona titular de la presidencia del órgano colegiado, sin perjuicio de las que le corresponden como miembro del órgano:

a) Representar al órgano.

b) Acordar la convocatoria de las sesiones y determinar el orden del día, teniendo en cuenta, en su caso, las peticiones presentadas por los restantes miembros con antelación suficiente.

c) Presidir las sesiones y moderar el desarrollo de los debates.

d) Dirimir con su voto los empates para la adopción de acuerdos, salvo que las normas reguladoras de los órganos colegiados de participación administrativa o social dispongan otra cosa.

e) Visar las actas y las certificaciones de los acuerdos del órgano.

f) Cuantas otras le reconozcan la norma o el convenio de creación del órgano y, en su caso, las normas que este apruebe en su desarrollo.

18. ¿Cuándo celebra sus sesiones la Comisión Provincial de Coordinación?

a) Celebrará sus sesiones una vez al mes, como máximo.
b) Celebrará sus sesiones dos veces al mes, como mínimo.
c) Celebrará sus sesiones una vez al año, como mínimo.
d) Celebrará sus sesiones una vez al mes, como mínimo.

Respuesta correcta: d) Celebrará sus sesiones una vez al mes, como mínimo.

La Comisión Provincial de Coordinación estará constituida por la Presidencia, que la ostentará el titular de la Delegación del Gobierno de la Junta de Andalucía, y por las personas titulares de las Delegaciones Provinciales de las Consejerías o, en su caso, por los titulares de las Delegaciones Territoriales de la Junta de Andalucía, desempeñando la secretaría de la Comisión la persona titular de la Secretaría General de la Delegación del Gobierno de la Junta de Andalucía y asistiendo con voz pero sin voto el Letrado Jefe del Servicio Jurídico Provincial, y las personas titulares de las Secretarías Generales Provinciales de las Consejerías, en su caso.

Asimismo, podrá asistir con voz pero sin voto aquel personal de las Delegaciones del Gobierno y de las Delegaciones Provinciales de las Consejerías o, en su caso, de las Delegaciones Territoriales de la Junta de Andalucía que se estime preciso por la Presidencia de la Comisión.

La Comisión provincial de Coordinación celebrará sus sesiones como mínimo una vez al mes.

19. ¿Puede la Comisión Provincial de Coordinación crear Subcomisiones y grupos de trabajo?

a) La Comisión podrá crear Subcomisiones con la composición y funciones que aconsejen su naturaleza y finalidad, pudiéndose crear con carácter temporal y para cuestiones específicas la Comisión de grupos de trabajo.

b) No es posible la creación de tales órganos en su seno.

c) Solo podrán crearse Subcomisiones con la composición y funciones que aconsejen su naturaleza y finalidad.

d) Solo será posible la existencia de grupos de trabajo con carácter temporal y para cuestiones específicas.

Respuesta correcta: a) La Comisión podrá crear Subcomisiones con la composición y funciones que aconsejen su naturaleza y finalidad, pudiéndose crear, con carácter temporal y para cuestiones específicas la Comisión de grupos de trabajo.

Ver el Capítulo III del Decreto 512/96 de 10 de diciembre, modificado por el Decreto 342/2012, de 31 de julio, establece que, para el ejercicio de sus funciones, el Delegado del Gobierno de la Junta de Andalucía estará asistido por la Comisión Provincial de Coordinación, instrumento de coordinación de la actividad de los distintos servicios periféricos de la Junta de Andalucía.

20. No es una competencia de la persona titular de la Consejería:

a) Desarrollar la acción del Gobierno en el ámbito competencial de sus Consejerías, de conformidad con las directrices del Presidente o de la Presidenta de la Junta de Andalucía, o del Consejo de Gobierno.

b) Ostentar la representación de las Consejerías de las que son titulares.

c) Proponer al Consejo de Gobierno los anteproyectos de ley o los proyectos de decreto relativos a las cuestiones de la competencia de sus Consejerías.

d) Resolver los recursos administrativos en todos los casos.

Respuesta correcta: d) Resolver los recursos administrativos en todos los casos.

Además de sus atribuciones como miembros del Consejo de Gobierno y las que le asignen esta y otra leyes, los Consejeros tienen atribuidas las siguientes competencias (artículo 26 LAJA):

a) Ejercer la potestad reglamentaria en los términos previstos en la Ley del Gobierno de la Comunidad Autónoma de Andalucía.

b) Nombrar y separar a los cargos de libre designación de su Consejería.

c) Aprobar los planes de actuación de la Consejería, asignando los recursos necesarios para su ejecución de acuerdo con las dotaciones presupuestarias.

d) Dirigir las actuaciones de las personas titulares de los órganos directivos de la Consejería e impartirles instrucciones.

e) Resolver los conflictos de atribuciones entre los órganos situados bajo su dependencia que les correspondan y plantear los que procedan con otras Consejerías.

f) Evaluar la realización de los planes y programas de actuación de la Consejería por parte de los órganos directivos y ejercer el control de eficacia respecto de la actuación de dichos órganos, así como de las entidades públicas dependientes.

g) Formular el anteproyecto de presupuesto de la Consejería.

h) Autorizar los gastos propios de los servicios de la Consejería no reservados a la competencia del Consejo de Gobierno, dentro del importe de los créditos autorizados, e interesar de la Consejería competente la ordenación de los pagos correspondientes.

i) Suscribir contratos y convenios relativos a asuntos propios de su Consejería, salvo en los casos en que corresponda al Consejo de Gobierno.

j) Resolver los recursos administrativos, acordar y resolver la revisión de oficio y declarar la lesividad de los actos administrativos en los casos en que proceda, salvo que corresponda al Consejo de Gobierno.

k) La resolución de los procedimientos de responsabilidad patrimonial, salvo que corresponda al Consejo de Gobierno.

l) Ejercer la potestad sancionadora en el ámbito de sus competencias, en los casos en que les corresponda.

m) Cuantas otras les atribuya la legislación vigente.

Solución al test n.º 5

1. a) A la Delegación del Gobierno de la Junta de Andalucía en Cádiz. Está adscrita a la Delegación del Gobierno de la Junta de Andalucía en Cádiz.

2. d) Posibilidad de anular, reformar o revocar actos dictados por los órganos superiores; de delegar en ellos funciones; avocar para sí las atribuciones o sustituirlos en su ejercicio.

3. d) Todas las anteriores son, entre otras, las manifestaciones de dicho principio.

4. b) Las relaciones interadministrativas.

5. d) Mejorar su eficacia, aproximarla a la ciudadanía y agilizar la gestión administrativa.

6. c) Por el titular de otra Delegación Provincial o, en su caso, de la Delegación Territorial que designe la persona titular de la Consejería a la que se encuentren adscritas las Delegaciones del Gobierno.

7. c) Director General.

8. a) Se hará por Decreto del Consejo de Gobierno, a propuesta de la persona titular de la Consejería a la que se encuentren adscritos.

9. a) El titular de la Delegación Provincial o, en su caso, por el titular de la Delegación Territorial que designe aquel como suplente.

10. a) Consejería de Fomento, Articulación del Territorio y Vivienda.

11. d) Son correctas las respuestas a) y b).

12. a) El Presidente o Presidenta, Consejo Rector, Director general y Subdirector general.

13. a) Aglutinar y potenciar las actividades de fomento, conservación, investigación y difusión de todas las áreas vinculadas con el arte contemporáneo en sus múltiples manifestaciones.

14. a) Requerirá la aceptación del Consejo de Gobierno y será formalizada mediante la firma del correspondiente convenio, que habrá de ser publicado en el Boletín Oficial de la Junta de Andalucía.

15. d) Fomento de la participación, promoción, información y formación en materia de juventud y turismo juvenil (incluyendo para ello la elaboración de una red de albergues juveniles –red AJ–). A estos efectos está adscrito el Consejo de la Juventud de Andalucía.

16. a) Tres o más miembros.

17. c) Dirimir con su voto los empates para la adopción de acuerdos, salvo que las normas reguladoras de los órganos colegiados de participación administrativa o social dispongan otra cosa.

18. d) Celebrará sus sesiones una vez al mes, como mínimo.

19. a) La Comisión podrá crear Subcomisiones con la composición y funciones que aconsejen su naturaleza y finalidad, pudiéndose crear, con carácter temporal y para cuestiones específicas la Comisión de grupos de trabajo.

20. d) Resolver los recursos administrativos en todos los casos.

TEST N.º 6

**El Derecho Administrativo. La Ley. El Reglamento.
El acto administrativo. La forma de los actos administrativos.
La motivación, la notificación y la publicación. Eficacia y validez
de los actos administrativos. Los recursos administrativos**

1. Los Principios Generales del Derecho se aplicarán:

a) En defecto de Ley o Costumbre.
b) En defecto de la Ley pero con primacía sobre la Costumbre.
c) En defecto de la Costumbre pero con primacía sobre la Ley.
d) Con primacía sobre cualquier otra fuente del Derecho.

2. Señala cuál de las siguientes es una fuente directa subsidiaria de nuestro ordenamiento jurídico:

a) Reglamentos del Presidente del Gobierno.
b) Reglamentos o disposiciones Ministeriales.
c) La Jurisprudencia.
d) La Costumbre.

3. Con carácter general, los Tratados Internacionales solo formarán parte de nuestro ordenamiento interno como fuente directa:

a) Cuando sean aprobados por el Congreso de los Diputados.
b) Cuando sean aprobados por el Congreso y el Senado.
c) Cuando sean publicados íntegramente en el Boletín Oficial del Estado.
d) Cuando sean publicados íntegramente en el Diario Oficial de la Unión Europea.

4. Señala cuál de las siguientes establece la jerarquía correcta de las disposiciones y resoluciones del Gobierno de la Nación y de sus miembros:

a) Reales Decretos del Presidente del Gobierno; Reales Decretos acordados en Consejo de Ministro; Reales Decretos Legislativos y Reales Decretos-leyes.
b) Reales Decretos Legislativos y Reales Decretos-leyes; Reales Decretos del Presidente del Gobierno; Reales Decretos acordados en Consejo de Ministros y Acuerdos del Consejo de Ministros.

c) Reales Decretos-leyes; Reales Decretos acordados en Consejo de Ministro; Acuerdos del Consejo de Ministros y Reales Decretos Legislativos.

d) Reales Decretos-leyes; Acuerdos del Consejo de Ministros; Reales Decretos acordados en Consejo de Ministro y Reales Decretos Legislativos.

5. La potestad reglamentaria en la esfera Local se manifiesta a través de la aprobación de:

a) Ordenanzas, Decretos y Bandos.
b) Ordenanzas y Decretos.
c) Reales Decretos y Bandos.
d) Ordenanzas, Reglamentos y Bandos.

6. Según el artículo 140 de la Ley de Régimen Local, el impedimento del uso de un espacio público por otra u otras personas con derecho a su utilización, se considera una infracción:

a) Muy grave.
b) Grave.
c) Leve.
d) No se considera infracción.

7. Las resoluciones y actos administrativos deberán ser notificadas dentro del plazo de:

a) Cinco días a partir de la fecha de la propuesta de resolución.
b) Veinte días a partir de la fecha en que el acto haya sido dictado.
c) Diez días a partir de la fecha en que el acto haya sido dictado.
d) Diez días a partir de la fecha de la propuesta de resolución.

8. Las notificaciones que contengan medios de pago a favor de los obligados se realizarán:

a) Por medios electrónicos.
b) A través de email.
c) Por teléfono.
d) Nunca por medios electrónicos.

9. Cuando la notificación se practique en el domicilio del interesado, de no hallarse presente este en el momento de entregarse la notificación, podrá hacerse cargo de la misma:

a) Un familiar de primer grado mayor de edad.
b) Ascendiente, descendientes o hermanos, mayores de dieciséis años.

c) Cualquier persona mayor de dieciséis años que se encuentre en el domicilio y haga constar su identidad.

d) Cualquier persona mayor de catorce años que se encuentre en el domicilio y haga constar su identidad.

10. Señala cuál de los siguientes no es un medio de ejecución forzosa, que pueda ser utilizado por las Administraciones Públicas:

a) Apremio sobre las personas.
b) Ejecución subsidiaria.
c) Multa coercitiva.
d) Compulsión sobre las personas.

11. Los actos administrativos dictados prescindiendo total y absolutamente del procedimiento legalmente establecido se consideran:

a) Nulos de pleno derecho.
b) Anulables.
c) Irregulares.
d) Anómalos.

12. Contra los actos que no agotan la vía administrativa cabe:

a) Recurso extraordinario de revisión.
b) Recurso potestativo de reposición.
c) Reclamación económico-administrativa.
d) Recurso de alzada.

13. El plazo para la interposición del recurso de alzada, si el acto fuera expreso, será de:

a) Veinte días.
b) Quince días.
c) Un mes.
d) Dos meses.

14. Contra la resolución de un recurso de alzada, ¿caben recursos?

a) Sí, el potestativo de reposición.
b) El de revisión.
c) No cabe ningún recurso.
d) Cabe recurso extraordinario de revisión, en los supuestos previstos en la norma.

15. El plazo máximo para dictar y notificar la resolución del recurso potestativo de reposición será de:

a) Un mes.
b) Dos meses.
c) Tres meses.
d) Veinte días.

En MADTEST tienes **más preguntas de este tema**, **comentadas y argumentadas**, y todos tus avances quedan registrados y se reflejan en el ranking.

¡Supera tus límites con MADTEST!

A continuación te presentamos algunos ejemplos de preguntas comentadas:

16. Aprobado un proyecto de ley ordinaria u orgánica por el Congreso de los Diputados, ¿qué plazo tiene el Senado, desde el día de recepción del texto, para oponer su veto o introducir enmiendas al mismo?

a) Un mes.
b) Dos meses.
c) Tres meses.
d) No hay plazo establecido, se haría sin dilación.

Respuesta correcta: b) Dos meses.

Pregunta fundamentada en el artículo 90.2 de la Constitución Española, que indica:

2. El Senado en el plazo de dos meses, a partir del día de la recepción del texto, puede, mediante mensaje motivado, oponer su veto o introducir enmiendas al mismo. El veto, deberá ser aprobado por mayoría absoluta. El proyecto no podrá ser sometido al Rey para sanción sin que el Congreso ratifique por mayoría absoluta, en caso de veto, el texto inicial, o por mayoría simple, una vez transcurridos dos meses desde la interposición del mismo, o se pronuncie sobre las enmiendas, aceptándolas o no por mayoría simple.

17. Las Cortes Generales, en materia de competencia estatal, podrán atribuir a todas o a alguna de las Comunidades Autónomas la facultad de dictar, para sí mismas, normas legislativas dentro de los principios, bases y directrices fijados por una Ley estatal, y ello se hará mediante:

a) Una Ley de Armonización.
b) Una Ley Programática.

c) Una Ley de Bases.
d) Una Ley Marco.

Respuesta correcta: d) Una Ley Marco.

La fundamentación legal de esta pregunta la encontramos en el artículo 150.1 de la Constitución Española:

1. Las Cortes Generales, en materias de competencia estatal, podrán atribuir a todas o a alguna de las Comunidades Autónomas la facultad de dictar, para sí mismas, normas legislativas en el marco de los principios, bases y directrices fijados por una ley estatal. Sin perjuicio de la competencia de los Tribunales, en cada ley marco se establecerá la modalidad del control de las Cortes Generales sobre estas normas legislativas de las Comunidades Autónomas.

18. En el recurso de alzada, el plazo máximo para dictar y notificar la resolución será de:

a) Tres meses.
b) Dos meses.
c) Un mes.
d) Veinte días.

Respuesta correcta: a) Tres meses.

Pregunta fundamentada en el artículo 122.2. de la Ley 39/2015, de 1 de octubre, del Procedimiento Administrativo Común de las Administraciones Públicas:

Artículo 122. Plazos.

1. El plazo para la interposición del recurso de alzada será de un mes, si el acto fuera expreso. Transcurrido dicho plazo sin haberse interpuesto el recurso, la resolución será firme a todos los efectos.

Si el acto no fuera expreso el solicitante y otros posibles interesados podrán interponer recurso de alzada en cualquier momento a partir del día siguiente a aquel en que, de acuerdo con su normativa específica, se produzcan los efectos del silencio administrativo.

2. El plazo máximo para dictar y notificar la resolución será de tres meses. Transcurrido este plazo sin que recaiga resolución, se podrá entender desestimado el recurso, salvo en el supuesto previsto en el artículo 24.1, tercer párrafo.

3. Contra la resolución de un recurso de alzada no cabrá ningún otro recurso administrativo, salvo el recurso extraordinario de revisión, en los casos establecidos en el artículo 125.1.

19. Los actos administrativos dictados por órgano manifiestamente incompetente por razón de la materia o del territorio, se consideran:

a) Nulos de pleno derecho.
b) Anulables.
c) Irregulares.
d) Anómalos.

Respuesta correcta: a) Nulos de pleno derecho.

Fundamentado en lo estudiado en el artículo 47.1,b) LPACAP:

1. Los actos de las Administraciones Públicas son nulos de pleno derecho en los casos siguientes:

b) Los dictados por órgano manifiestamente incompetente por razón de la materia o del territorio.

20. Contra los actos firmes en vía administrativa, cabe:

a) Reclamación económico-administrativa.
b) Recurso de alzada.
c) Recurso extraordinario de revisión.
d) Recurso potestativo de reposición.

Respuesta correcta: c) Recurso extraordinario de revisión.

Fundamentado en lo estudiado en el artículo 125.1 LPACAP:

Artículo 125. Objeto y plazos.

1. Contra los actos firmes en vía administrativa podrá interponerse el recurso extraordinario de revisión ante el órgano administrativo que los dictó, que también será el competente para su resolución, cuando concurra alguna de las circunstancias siguientes:

a) Que al dictarlos se hubiera incurrido en error de hecho, que resulte de los propios documentos incorporados al expediente.

b) Que aparezcan documentos de valor esencial para la resolución del asunto que, aunque sean posteriores, evidencien el error de la resolución recurrida.

c) Que en la resolución hayan influido esencialmente documentos o testimonios declarados falsos por sentencia judicial firme, anterior o posterior a aquella resolución.

d) Que la resolución se hubiese dictado como consecuencia de prevaricación, cohecho, violencia, maquinación fraudulenta u otra conducta punible y se haya declarado así en virtud de sentencia judicial firme.

Solución al test n.º 6

1. a) En defecto de Ley o Costumbre.

2. d) La Costumbre.

3. c) Cuando sean publicados íntegramente en el Boletín Oficial del Estado.

4. b) Reales Decretos Legislativos y Reales Decretos-leyes; Reales Decretos del Presidente del Gobierno; Reales Decretos acordados en Consejo de Ministros y Acuerdos del Consejo de Ministros.

5. d) Ordenanzas, Reglamentos y Bandos.

6. a) Muy grave.

7. c) Diez días a partir de la fecha en que el acto haya sido dictado.

8. d) Nunca por medios electrónicos.

9. d) Cualquier persona mayor de catorce años que se encuentre en el domicilio y haga constar su identidad.

10. a) Apremio sobre las personas.

11. a) Nulos de pleno derecho.

12. d) Recurso de alzada.

13. c) Un mes.

14. d) Cabe recurso extraordinario de revisión, en los supuestos previstos en la norma.

15. a) Un mes.

16. b) Dos meses.

17. d) Una Ley Marco.

18. a) Tres meses.

19. a) Nulos de pleno derecho.

20. c) Recurso extraordinario de revisión.

TEST N.º 7

El procedimiento administrativo común: Los principios generales. Las fases del procedimiento. Derechos de los interesados en el procedimiento

1. Cuando la Administración considere que alguno de los actos de los interesados no reúne los requisitos necesarios, lo pondrá en conocimiento de su autor, concediéndole un plazo para cumplimentarlo de:

a) Veinte días.
b) Quince días.
c) Diez días.
d) Cinco días.

2. Las cuestiones incidentales que se susciten en el procedimiento:

a) Suspenderán la tramitación del procedimiento.
b) Solo suspenderán la tramitación del procedimiento, las que se refieran a la nulidad de actuaciones
c) No suspenderán la tramitación del procedimiento, en ningún caso.
d) No suspenderán la tramitación del procedimiento, salvo la recusación.

3. Salvo disposición expresa en contrario, los informes serán:

a) Obligatorios y vinculantes.
b) Facultativos y no vinculantes.
c) Facultativos y vinculantes.
d) Obligatorios y no vinculantes.

4. ¿Cuál de los siguientes hechos no pondrán fin al procedimiento administrativo?

a) La resolución.
b) El desistimiento.
c) La renuncia al derecho en que se funde la solicitud.
d) La declaración de anulabilidad.

5. En los procedimientos iniciados a solicitud del interesado, cuando se produzca su paralización por causa imputable al mismo, la Administración le advertirá de que se producirá la caducidad del procedimiento, transcurrido/s:

a) Tres meses.
b) Dos meses.
c) Un mes.
d) Veinte días.

6. ¿Qué recurso cabe contra el acuerdo que declare la aplicación de la tramitación de urgencia al procedimiento?

a) Recurso de alzada.
b) Recurso de reposición.
c) Recurso extraordinario de revisión.
d) No cabrá recurso alguno.

7. Cuando el instructor del procedimiento administrativo acuerde la apertura de un periodo de prueba, este será:

a) De cinco días.
b) De un plazo no superior a treinta días ni inferior a diez.
c) De un plazo no superior a un mes ni inferior a diez días.
d) De un mes.

8. ¿Cuál es una forma presunta de terminar el procedimiento administrativo?

a) La resolución.
b) El desistimiento.
c) La renuncia.
d) El silencio administrativo.

9. En el ámbito de la Administración General del Estado, los procedimientos de responsabilidad patrimonial se resolverán por:

a) El Ministro respectivo o por el Consejo de Ministros.
b) El Tribunal de Cuentas.
c) El Consejo Económico.
d) El Juez encargado de la instrucción.

10. El silencio administrativo, en los procedimientos relativos al ejercicio del derecho de petición:

a) Tendrá efecto estimatorio.
b) Tendrá efecto desestimatorio.

c) No tendrá efecto alguno.
d) Es obligatoria la resolución expresa.

11. Siempre que por ley o en el Derecho de la Unión Europea no se exprese otro cómputo, cuando los plazos se señalen por días, se entiende que estos son:

a) Naturales, incluyéndose en el cómputo los domingos y los declarados festivos.
b) Naturales, incluyéndose en el cómputo los sábados, los domingos y los declarados festivos.
c) Hábiles, excluyéndose del cómputo los sábados, los domingos y los declarados festivos.
d) Hábiles, excluyéndose del cómputo los domingos y los declarados festivos.

12. Para el cómputo de los plazos administrativos, cuando un día fuese hábil en el municipio o Comunidad Autónoma en que residiese el interesado, e inhábil en la sede del órgano administrativo, se considerará:

a) Hábil en todo caso.
b) Hábil, al serlo en el lugar donde reside el interesado.
c) Inhábil, al serlo en el lugar de la sede del órgano administrativo.
d) Inhábil en todo caso.

13. La Administración, salvo precepto en contrario, podrá conceder de oficio o a petición de los interesados, una ampliación de los plazos establecidos, que no exceda de:

a) Diez días.
b) Las dos terceras partes de dichos plazos.
c) La mitad de dichos plazos.
d) Veinte días.

14. Cuando se acuerde la aplicación al procedimiento de la tramitación de urgencia, los plazos establecidos para el procedimiento ordinario:

a) Se reducirán a la mitad, salvo los plazos relativos a la presentación de solicitudes y recursos.
b) Se reducirán a la mitad, salvo los plazos relativos a la presentación de solicitudes.
c) Se reducirán a un tercio todos los trámites.
d) Se reducirán a un tercio, salvo los plazos relativos a la presentación de solicitudes y recursos.

15. ¿Cuál es la Ley de Transparencia, acceso a la Información Pública y Buen Gobierno?

a) La Ley 23/1998, de 2 de febrero.
b) La Ley 19/2013, de 9 de diciembre.

c) La Ley 33/2007, de 7 de mayo.
d) La Ley 17/2016, de 5 de octubre.

En MADTEST tienes **más preguntas de este tema, comentadas y argumentadas**, y todos tus avances quedan registrados y se reflejan en el ranking.

¡Supera tus límites con MADTEST!

A continuación te presentamos algunos ejemplos de preguntas comentadas:

16. Salvo que reste menos para su tramitación ordinaria, los procedimientos administrativos tramitados de manera simplificada deberán ser resueltos en:

a) Un mes.
b) Diez días.
c) Veinte días.
d) Treinta días.

Respuesta correcta: d) Treinta días.

La fundamentación legal de esta pregunta la encontramos en el artículo 96.6 de la Ley 39/2015, de 1 de octubre, del Procedimiento Administrativo Común de las Administraciones Públicas, según el cual:

6. Salvo que reste menos para su tramitación ordinaria, los procedimientos administrativos tramitados de manera simplificada deberán ser resueltos en treinta días, a contar desde el siguiente al que se notifique al interesado el acuerdo de tramitación simplificada.

(...)

17. Señala cuál de las siguientes no es una causa de inadmisión de la solicitud para ejercer el derecho de acceso a la información pública:

a) Que se refieran a información que esté en curso de elaboración o de publicación general.
b) Que se refieran a información para cuya divulgación sea necesaria una acción previa de reelaboración.
c) Que sean manifiestamente repetitivas o tengan un carácter abusivo no justificado con la finalidad de transparencia de esta ley.
d) Que sean dirigidas a un órgano en cuyo poder obre la información cuando se desconozca el competente.

Respuesta correcta: d) Que sean dirigidas a un órgano en cuyo poder obre la información cuando se desconozca el competente.

La fundamentación legal de esta pregunta la encontramos en el artículo 18.1 de la Ley 19/2013, de 9 de diciembre, de transparencia, acceso a la información pública y buen gobierno, según el cual:

1. Se inadmitirán a trámite, mediante resolución motivada, las solicitudes:

a) Que se refieran a información que esté en curso de elaboración o de publicación general.

b) Referidas a información que tenga carácter auxiliar o de apoyo como la contenida en notas, borradores, opiniones, resúmenes, comunicaciones e informes internos o entre órganos o entidades administrativas.

c) Relativas a información para cuya divulgación sea necesaria una acción previa de reelaboración.

d) Dirigidas a un órgano en cuyo poder no obre la información cuando se desconozca el competente.

e) Que sean manifiestamente repetitivas o tengan un carácter abusivo no justificado con la finalidad de transparencia de esta Ley.

18. La resolución en la que se conceda o deniegue el acceso a la información pública, deberá notificarse al solicitante en un plazo máximo, a contar desde la recepción de la solicitud por el órgano competente para resolver, de:

a) Un mes.
b) Tres meses.
c) Veinte días.
d) Diez días.

Respuesta correcta: a) Un mes.

La fundamentación legal de esta pregunta la encontramos en el artículo 20.1 de la Ley 19/2013, de 9 de diciembre, de transparencia, acceso a la información pública y buen gobierno, según el cual:

1. La resolución en la que se conceda o deniegue el acceso deberá notificarse al solicitante y a los terceros afectados que así lo hayan solicitado en el plazo máximo de un mes desde la recepción de la solicitud por el órgano competente para resolver.

Este plazo podrá ampliarse por otro mes en el caso de que el volumen o la complejidad de la información que se solicita así lo hagan necesario y previa notificación al solicitante.

19. El sentido del silencio administrativo, en los procedimientos de revisión de oficio iniciados a solicitud de los interesados:

a) Tendrá efecto desestimatorio.
b) Tendrá efecto estimatorio.

c) Es obligatoria la resolución expresa.
d) No tendrá efecto alguno.

Respuesta correcta: a) Tendrá efecto desestimatorio.

El sentido del silencio también será desestimatorio en los procedimientos de impugnación de actos y disposiciones y en los de revisión de oficio iniciados a solicitud de los interesados (a los que se refieren los arts. 122.2, 123.2, 126.3 y 106.5 de esta LPACAP).

20. Frente a toda resolución expresa o presunta en materia de acceso a la información pública, podrá interponerse, con carácter potestativo y previo a su impugnación en vía contencioso-administrativa, una reclamación ante:

a) El Comité de Acceso a la Información Pública.
b) La Unidad de Transparencia y Acceso.
c) El Consejo de Transparencia y Buen Gobierno.
d) El Ministerio de Hacienda.

Respuesta correcta: c) El Consejo de Transparencia y Buen Gobierno.

La fundamentación legal de esta pregunta la encontramos en el artículo 24.1 de la Ley 19/2013, de 9 de diciembre, de transparencia, acceso a la información pública y buen gobierno, según el cual:

1. Frente a toda resolución expresa o presunta en materia de acceso podrá interponerse una reclamación ante el Consejo de Transparencia y Buen Gobierno, con carácter potestativo y previo a su impugnación en vía contencioso-administrativa.

Solución al test n.º 7

1. c) Diez días.

2. d) No suspenderán la tramitación del procedimiento, salvo la recusación.

3. b) Facultativos y no vinculantes.

4. d) La declaración de anulabilidad.

5. a) Tres meses.

6. d) No cabrá recurso alguno.

7. b) De un plazo no superior a treinta días ni inferior a diez.

8. d) El silencio administrativo.

9. a) El Ministro respectivo o por el Consejo de Ministros.

10. b) Tendrá efecto desestimatorio.

11. c) Hábiles, excluyéndose del cómputo los sábados, los domingos y los declarados festivos.

12. d) Inhábil en todo caso.

13. c) La mitad de dichos plazos.

14. a) Se reducirán a la mitad, salvo los plazos relativos a la presentación de solicitudes y recursos.

15. b) La Ley 19/2013, de 9 de diciembre.

16. d) Treinta días.

17. d) Que sean dirigidas a un órgano en cuyo poder obre la información cuando se desconozca el competente.

18. a) Un mes.

19. a) Tendrá efecto desestimatorio.

20. c) El Consejo de Transparencia y Buen Gobierno.

TEST N.º 8

Normativa sobre Igualdad y de Género. Igualdad de Género: conceptos generales. Violencia de género: conceptos generales. Publicidad institucional e imagen pública no sexista

1. ¿Qué artículo de la Constitución proclama que los españoles son iguales ante la ley, sin que pueda prevalecer discriminación alguna por razón de nacimiento, raza, sexo, religión, opinión o cualquier otra condición o circunstancia personal o social?

a) Artículo 9.
b) Artículo 11.
c) Artículo 14.
d) Artículo 18.

2. Según el artículo 9.2: de la Constitución, "corresponde a los poderes públicos .... las condiciones para que la libertad y la igualdad del individuo y de los grupos en que se integra sean reales y efectivas; .... los obstáculos que impidan o dificulten su plenitud y .... la participación de todos los ciudadanos en la vida política, económica, cultural y social". ¿Qué 3 verbos faltan en la anterior frase?

a) Promover, remover y facilitar.
b) Impulsar, superar y posibilitar.
c) Crear, eliminar y alentar.
d) Facilitar, disminuir y promover.

3. Según su artículo 1, la LO 3/2007 tiene por objeto hacer efectivo el derecho de:

a) Conciliación de la vida laboral y familiar de mujeres y hombres.
b) Igualdad de trato y de oportunidades entre mujeres y hombres.
c) Participación en los asuntos públicos en igualdad de condiciones.
d) No discriminación por razón de sexo.

4. Señala la opción incorrecta. Según el artículo 3 de la LO 3/2007, el principio de igualdad de trato entre mujeres y hombres supone la ausencia de toda discriminación, directa o indirecta, por razón de sexo, y especialmente, las derivadas de:

a) La maternidad.
b) La tendencia sexual.
c) La asunción de obligaciones familiares.
d) El estado civil.

5. Según el artículo 4 de la LO 3/2007, la igualdad de trato y de oportunidades entre mujeres y hombres:

a) Es un deber de las Administraciones Públicas.
b) Es una fuente formal del Derecho.
c) Es un principio informador del ordenamiento jurídico.
d) Es un objetivo fundamental del procedimiento administrativo.

6. Una diferencia de trato basada en una característica relacionada con el sexo ¿constituye discriminación en el acceso al empleo?

a) Sí, en todo caso.
b) No, siempre que la formación necesaria se base en dicha característica.
c) No, siempre que dicha característica constituya un requisito profesional esencial y determinante.
d) No, si debido a la naturaleza de las actividades profesionales concretas o al contexto en el que se lleven a cabo, dicha característica constituya un requisito profesional esencial y determinante, siempre y cuando el objetivo sea legítimo y el requisito proporcionado.

7. En virtud del artículo 6.2 de la LO 3/2007, la situación en que una disposición, criterio o práctica aparentemente neutros pone a personas de un sexo en desventaja particular con respecto a personas del otro:

a) En cualquier caso constituirá discriminación directa.
b) En cualquier caso constituirá discriminación indirecta.
c) No se considera discriminación indirecta si dicha disposición, criterio o práctica pueden justificarse objetivamente en atención a una finalidad legítima y los medios para alcanzar dicha finalidad son necesarios y adecuados.
d) En ningún caso podrá considerarse discriminación.

8. Conforme al artículo 6.3 de la LO 3/2007, toda orden de discriminar por razón de sexo:

a) Solo se considera discriminatoria si se ordena discriminar directamente.
b) En ningún caso se puede considerar discriminatoria.

c) Solo se considera discriminatoria si ordena una discriminación indirecta.

d) En cualquier caso se considera discriminatoria, sea directa o indirecta.

9. A los efectos de la LO 3/2007, definimos como acoso sexual:

a) Cualquier comportamiento realizado en función del sexo de una persona, con el propósito o el efecto de atentar contra su dignidad y de crear un entorno intimidatorio, degradante u ofensivo.

b) La situación en que una disposición, criterio o práctica aparentemente neutros pone a personas de un sexo en desventaja particular con respecto a personas del otro, salvo que dicha disposición, criterio o práctica puedan justificarse objetivamente en atención a una finalidad legítima y que los medios para alcanzar dicha finalidad sean necesarios y adecuados.

c) Todo trato desfavorable a las mujeres relacionado con el embarazo o la maternidad.

d) Cualquier comportamiento, verbal o físico, de naturaleza sexual que tenga el propósito o produzca el efecto de atentar contra la dignidad de una persona, en particular cuando se crea un entorno intimidatorio, degradante u ofensivo.

10. Conforme al artículo 7.4 de la LO 3/2007, el condicionamiento de un derecho o de una expectativa de derecho a la aceptación de una situación constitutiva de acoso sexual o de acoso por razón de sexo se considerará:

a) Acto de discriminación por razón de sexo.

b) Creación de un entorno intimidatorio, degradante u ofensivo.

c) Anulable y sin efecto.

d) Indemnizable.

11. Con el fin de hacer efectivo el derecho constitucional de la igualdad, los Poderes Públicos adoptarán medidas específicas en favor de las mujeres para corregir situaciones patentes de desigualdad de hecho respecto de los hombres. Tales medidas, que serán aplicables en tanto subsistan dichas situaciones, habrán de ser en relación con el objetivo perseguido en cada caso razonables y:

a) Justificadas.

b) Autorizadas judicialmente.

c) Transparentes.

d) Proporcionadas.

12. Conforme al artículo 12 de la LO 3/2007, cualquier persona podrá recabar de los tribunales la tutela del derecho a la igualdad entre mujeres y hombres, de acuerdo con lo establecido en el artículo 53.2 de la Constitución:

a) Siempre que la relación en la que supuestamente se produce la discriminación se encuentre vigente.

b) Incluso tras la terminación de la relación en la que supuestamente se ha producido la discriminación.

c) Siempre que se haya dado por terminada la relación en la que supuestamente se produce la discriminación.

d) A menos que se haya procedido a la suspensión de la relación en la que supuestamente se produce la discriminación.

13. La capacidad y la legitimación para intervenir en los procesos civiles, sociales y contencioso-administrativos que versen sobre la defensa del derecho de igualdad entre mujeres y hombres, corresponden a:

a) La persona acosada, únicamente.
b) Cualquier ciudadano.
c) Las personas físicas y jurídicas con interés legítimo.
d) Cualquier persona jurídica.

14. La persona acosada será la única legitimada en los litigios:

a) Sobre discriminación directa.
b) Sobre acoso sexual y acoso por razón de sexo.
c) Sobre acoso sexual únicamente.
d) Únicamente sobre acoso por razón de sexo.

15. De acuerdo con las leyes procesales, en aquellos procedimientos en los que las alegaciones de la parte actora se fundamenten en actuaciones discriminatorias, por razón de sexo, corresponderá a la persona demandada probar la ausencia de discriminación en las medidas adoptadas y su proporcionalidad. A tales efectos, el órgano judicial:

a) A instancia de parte, podrá recabar, si lo estimase útil y pertinente, informe o dictamen de los organismos públicos competentes.

b) Deberá recabar informe o dictamen de los organismos públicos competentes.

c) De oficio, podrá recabar, si lo estimase útil y pertinente, informe o dictamen de los organismos públicos competentes.

d) De oficio o a instancia de parte, podrá recabar, si lo estimase útil y pertinente, informe o dictamen de los organismos públicos competentes.

En MADTEST tienes **más preguntas de este tema, comentadas y argumentadas**, y todos tus avances quedan registrados y se reflejan en el ranking.

¡Supera tus límites con MADTEST!

A continuación te presentamos algunos ejemplos de preguntas comentadas:

16. El artículo 18 de la LO 3/2007, exige al Gobierno la elaboración de un informe periódico sobre el conjunto de sus actuaciones en relación con la efectividad del principio de igualdad entre mujeres y hombres. Los términos en que se elaborarán estos informes se determinarán:

a) Por ley orgánica.
b) Por ley.
c) Reglamentariamente.
d) En una ley de bases.

Respuesta correcta: c) Reglamentariamente.

Según el artículo 18 de la LO 3/2007, en los términos que reglamentariamente se determinen, el Gobierno elaborará un informe periódico sobre el conjunto de sus actuaciones en relación con la efectividad del principio de igualdad entre mujeres y hombres. De este informe se dará cuenta a las Cortes Generales.

17. El Gobierno dará cuenta del informe sobre el conjunto de sus actuaciones en relación con la efectividad del principio de igualdad entre mujeres y hombres:

a) Al Congreso de los Diputados.
b) A las Cortes Generales.
c) A las asociaciones y organizaciones de mujeres.
d) Al Defensor del Pueblo.

Respuesta correcta: b) A las Cortes Generales.

Según el artículo 18 de la LO 3/2007, en los términos que reglamentariamente se determinen, el Gobierno elaborará un informe periódico sobre el conjunto de sus actuaciones en relación con la efectividad del principio de igualdad entre mujeres y hombres. De este informe se dará cuenta a las Cortes Generales.

18. Conforme al artículo 21 de la LO 3/2007, la Administración General del Estado y las Administraciones de las Comunidades Autónomas cooperarán para integrar el derecho de igualdad entre mujeres y hombres en el ejercicio de sus respectivas competencias y, en especial, en sus actuaciones de:

a) Supervisión.
b) Planificación.
c) Regulación.
d) Dirección.

Respuesta correcta: b) Planificación.

Según el artículo 21.1 de la LO 3/2007, la Administración General del Estado y las Administraciones de las Comunidades Autónomas cooperarán para integrar el derecho de igualdad entre mujeres y hombres en el ejercicio de sus respectivas competencias y, en especial, en sus actuaciones de planificación. En el seno de la Conferencia Sectorial de la Mujer podrán adoptarse planes y programas conjuntos de actuación con esta finalidad.

19. Conforme al artículo 22 de la LO 3/2007, las corporaciones locales, con el fin de avanzar hacia un reparto equitativo de los tiempos entre mujeres y hombres, podrán establecer:

a) Planes Municipales de Empleo con perspectiva de género.
b) Ordenanzas de regulación del tiempo.
c) Ordenanzas o Edictos de representación equilibrada en los tiempos de la ciudad.
d) Planes Municipales de organización del tiempo de la ciudad.

Respuesta correcta: d) Planes Municipales de organización del tiempo de la ciudad.

Según el artículo 22 de la LO 3/2007, con el fin de avanzar hacia un reparto equitativo de los tiempos entre mujeres y hombres, las corporaciones locales podrán establecer Planes Municipales de organización del tiempo de la ciudad. Sin perjuicio de las competencias de las Comunidades Autónomas, el Estado podrá prestar asistencia técnica para la elaboración de estos planes.

20. El importe de la ayuda de pago único a víctimas de violencia de género sin responsabilidades familiares que carezcan de rentas superiores, en cómputo mensual, al 75 por 100 del salario mínimo interprofesional, y que tengan reconocida oficialmente una minusvalía en grado igual o superior al 33 %, será equivalente a:

a) 6 meses de subsidio de desempleo.
b) 9 meses de subsidio de desempleo.
c) 12 meses de subsidio de desempleo.
d) 18 meses de subsidio de desempleo.

Respuesta correcta: c) 12 meses de subsidio de desempleo.

Según los apartados 1 y 2 del artículo 27 de la LO 1/2004, cuando las víctimas de violencia de género careciesen de rentas superiores, en cómputo mensual, al 75 por 100 del salario mínimo interprofesional, excluida la parte proporcional de dos pagas extraordinarias, recibirán una ayuda de pago único, siempre que se presuma que debido a su edad, falta de preparación general o especializada y circunstancias sociales, la víctima tendrá especiales dificultades para obtener un empleo y por dicha circunstancia no participará en los programas de empleo establecidos para su inserción profesional.

El importe de esta ayuda será equivalente al de seis meses de subsidio por desempleo. Cuando la víctima de la violencia ejercida contra la mujer tuviera reconocida oficialmente una discapacidad en grado igual o superior al 33 por 100, el importe será equivalente a doce meses de subsidio por desempleo.

Solución al test n.º 8

1. c) Artículo 14.

2. a) Promover, remover y facilitar.

3. b) Igualdad de trato y de oportunidades entre mujeres y hombres.

4. b) La tendencia sexual.

5. c) Es un principio informador del ordenamiento jurídico.

6. d) No, si debido a la naturaleza de las actividades profesionales concretas o al contexto en el que se lleven a cabo, dicha característica constituya un requisito profesional esencial y determinante, siempre y cuando el objetivo sea legítimo y el requisito proporcionado.

7. c) No se considera discriminación indirecta si dicha disposición, criterio o práctica pueden justificarse objetivamente en atención a una finalidad legítima y los medios para alcanzar dicha finalidad son necesarios y adecuados.

8. d) En cualquier caso se considera discriminatoria, sea directa o indirecta.

9. d) Cualquier comportamiento, verbal o físico, de naturaleza sexual que tenga el propósito o produzca el efecto de atentar contra la dignidad de una persona, en particular cuando se crea un entorno intimidatorio, degradante u ofensivo.

10. a) Acto de discriminación por razón de sexo.

11. d) Proporcionadas.

12. b) Incluso tras la terminación de la relación en la que supuestamente se ha producido la discriminación.

13. c) Las personas físicas y jurídicas con interés legítimo.

14. b) Sobre acoso sexual y acoso por razón de sexo.

15. a) A instancia de parte, podrá recabar, si lo estimase útil y pertinente, informe o dictamen de los organismos públicos competentes.

16. c) Reglamentariamente.

17. b) A las Cortes Generales.

18. b) Planificación.

19. d) Planes Municipales de organización del tiempo de la ciudad.

20. c) 12 meses de subsidio de desempleo.

TEST N.º 9

La Igualdad de Género en las Políticas Públicas: concepto de enfoque de género y transversalidad. La integración de la transversalidad en la Junta de Andalucía

1. Según el artículo 12 de la Ley 12/2007, de 26 de noviembre, para la promoción de la igualdad de género en Andalucía, la Administración de la Junta de Andalucía, a través de sus órganos de contratación, establecerá condiciones especiales en relación con la ejecución de los contratos que celebren, con el fin de promover la igualdad entre mujeres y hombres, especialmente en el ámbito:

a) Rural.
b) Educativo.
c) Laboral.
d) Asistencial.

2. Según el artículo 13 de la Ley 12/2007, de 26 de noviembre, para la promoción de la igualdad de género en Andalucía, la Administración de la Junta de Andalucía incorporará a las bases reguladoras de las subvenciones públicas la valoración de actuaciones de efectiva consecución de la igualdad de género por parte de las entidades solicitantes:

a) En todo caso.
b) Salvo que por Ley, se exima expresamente de tal valoración.
c) Salvo en aquellos casos en que, por la naturaleza de la subvención o de las entidades solicitantes, esté justificada su no incorporación.
d) Salvo que se trate de subvenciones de carácter sectorial.

3. Según el artículo 13.2 de la Ley 12/2007, de 26 de noviembre, para la promoción de la igualdad de género en Andalucía, la Administración de la Junta de Andalucía no formalizará contratos ni subvencionará, bonificará o prestará ayudas públicas a aquellas personas físicas o jurídicas condenadas por alentar o tolerar prácticas laborales consideradas discriminatorias por la legislación vigente, durante un plazo desde la fecha de la condena por sentencia firme, de:

a) 2 años.
b) 3 años.

c) 4 años.
d) 5 años.

4. Según el artículo 80.2 de la Ley 12/2007, de 26 de noviembre, para la promoción de la igualdad de género en Andalucía, las infracciones graves en materias reguladas por esta ley pueden ser sancionadas con la pérdida de forma automática de cualquier tipo de ayuda pública concedida por la Administración de la Junta de Andalucía y sus agencias, o la prohibición de acceder a cualquier tipo de ayuda pública concedida por la Administración de la Junta de Andalucía y sus agencias por un periodo de hasta:

a) 2 años.
b) 3 años.
c) 4 años.
d) 5 años.

5. Según el artículo 14.1 de la Ley 12/2007, de 26 de noviembre, para la promoción de la igualdad de género en Andalucía, el sistema educativo andaluz y el conjunto de políticas que desarrolle la Administración educativa se inspirarán en el principio de:

a) Participación equilibrada de mujeres y hombres.
b) No discriminación por razón de sexo.
c) Igualdad entre mujeres y hombres.
d) Corresponsabilidad.

6. Conforme al artículo 15.1 de la Ley 12/2007, los centros docentes recogerán las actuaciones en materia de igualdad, coeducación y prevención de la violencia de género, dentro del Plan de Centro, en un:

a) Protocolo de Igualdad de Género.
b) Informe de Igualdad de Género.
c) Plan de Igualdad de Género.
d) Manual propio de Igualdad de Género.

7. Conforme al artículo 15.4 de la Ley 12/2007, la Administración educativa andaluza, con el fin de integrar la perspectiva de género en su labor, garantizará que los órganos responsables de la evaluación, calidad e investigación educativa, así como los servicios de apoyo y formación al profesorado, cuenten con personal capacitado específicamente en materia de:

a) Cogobernanza.
b) Coenseñanza.
c) Cooperación.
d) Coeducación.

8. Según el artículo 15 bis de la Ley 12/2007, entre otros objetivos coeducativos, la Administración educativa andaluza integrará en el diseño y desarrollo curricular de todas las áreas y materias de las diferentes etapas educativas, de conformidad con la normativa en materia de educación, la incorporación de conocimientos necesarios bajo los principios de .... y el reparto igualitario de responsabilidades, a fin de que el alumnado se haga cargo de sus actuales y futuras necesidades y responsabilidades relacionadas con el trabajo doméstico y de cuidado de las personas. ¿Qué palabra falta en la frase anterior?

a) Corresponsabilidad.
b) Conciliación.
c) Colaboración.
d) Cooperación.

9. Conforme al artículo 16 de la Ley 12/2007, la Consejería competente en materia de educación creará una comisión de personas expertas en coeducación, para el seguimiento del lenguaje, de las imágenes y de los contenidos de los materiales curriculares y los libros de texto que se utilicen en el ámbito del sistema educativo de Andalucía. Esta comisión emitirá un informe anual, que remitirá para su conocimiento a:

a) La Consejería competente en materia de igualdad.
b) El Instituto Andaluz de la Mujer.
c) La Comisión Interdepartamental para la Igualdad de Mujeres y Hombres en Andalucía.
d) El Consejo Andaluz de Participación de las Mujeres.

10. Según el artículo 17.2 de la Ley 12/2007, la Administración educativa adoptará las medidas necesarias para incluir en los planes de formación permanente del profesorado una formación continua en materia de igualdad de género, coeducación, prevención de la violencia de género, educación sexual y afectiva, y diversidad familiar, desde un enfoque feminista, que deberá desarrollarse con una metodología:

a) Teórica.
b) Vivencial.
c) Cognitiva.
d) Experimental.

11. Según el artículo 18.2 de la Ley 12/2007, en el Consejo Escolar de Andalucía participará una persona en representación de:

a) El Instituto Andaluz de la Mujer.
b) La Consejería competente en materia de igualdad.
c) El Consejo Andaluz de Participación de las Mujeres.
d) Las asociaciones para la promoción de la igualdad de género.

12. Según el artículo 19.2 de la Ley 12/2007, la Administración educativa, incorporará en los planes generales y planes de actuación de la inspección educativa las directrices y acciones necesarias para la supervisión, evaluación, asesoramiento e información a los centros docentes en materia de igualdad de oportunidades entre mujeres y hombres, con el asesoramiento de:

a) El Instituto Andaluz de la Mujer.
b) La Consejería competente en materia de igualdad.
c) El Consejo Andaluz de Participación de las Mujeres.
d) La Comisión Interdepartamental para la Igualdad de Mujeres y Hombres en Andalucía.

13. Según el artículo 19.4 de la Ley 12/2007, la Administración educativa de Andalucía organizará periódicamente actividades formativas dirigidas a los servicios de inspección educativa, sobre educación para la igualdad entre mujeres y hombres, inspirada en los principios de pluralismo y:

a) Libertad.
b) Diversidad.
c) Integración.
d) Aceptación.

14. Señala la opción incorrecta. Según el artículo 20.2 de la Ley 12/2007, en el sistema de acceso a la función pública docente, se incluirá en el programa de contenidos, un módulo específico con las siguientes materias:

a) Coeducación.
b) Prevención de la violencia de género.
c) Promoción de la igualdad.
d) Diversidad familiar.

15. Conforme al artículo 20.5 de la Ley 12/2007, todas las universidades de Andalucía elaborarán y aprobarán un plan de igualdad y prevención de la discriminación, que implicará al proyecto educativo, laboral, investigador y social de la universidad y que tendrá un carácter:

a) Anual.
b) Bianual.
c) Trienal.
d) Cuatrienal.

En MADTEST tienes **más preguntas de este tema, comentadas y argumentadas**, y todos tus avances quedan registrados y se reflejan en el ranking.

¡Supera tus límites con MADTEST!

A continuación te presentamos algunos ejemplos de preguntas comentadas:

16. Conforme al artículo 21.3 de la Ley 12/2007, las Administraciones públicas de Andalucía, en el ámbito de sus competencias, fomentarán el apoyo a la formación y a la investigación en materia de igualdad entre mujeres y hombres y promoverán y velarán por que en los proyectos de investigación de los que se puedan extraer resultados para las personas tengan en cuenta:

a) La representación equilibrada de mujeres y hombres.
b) La perspectiva de género.
c) La igualdad de oportunidades.
d) La diversidad de género.

Respuesta correcta: b) La perspectiva de género.

Según el artículo 21.3 de la Ley 12/2007, las Administraciones públicas de Andalucía, en el ámbito de sus competencias, fomentarán el apoyo a la formación y a la investigación en materia de igualdad entre mujeres y hombres y promoverán y velarán por que en los proyectos de investigación de los que se puedan extraer resultados para las personas tengan en cuenta la perspectiva de género.

17. Conforme al artículo 21 bis.3 de la Ley 12/2007, los agentes del Sistema Andaluz del Conocimiento del sector público andaluz establecerán mecanismos para eliminar los .... de género en los procedimientos de selección y evaluación del personal investigador. ¿Qué palabra falta en la frase anterior?

a) Estereotipos.
b) Indicadores.
c) Sesgos.
d) Criterios.

Respuesta correcta: c) Sesgos.

Según el artículo 21bis.3 de la Ley 12/2007, los agentes del Sistema Andaluz del Conocimiento del sector público andaluz establecerán mecanismos para eliminar los sesgos de género en los procedimientos de selección y evaluación del personal investigador.

18. Según el artículo 21bis.5 de la Ley 12/2007, los organismos públicos de investigación del Sistema Andaluz del Conocimiento en Andalucía adoptarán planes de igualdad que deberán incluir medidas incentivadoras para aquellos centros de investigación de su ámbito de competencias que avancen en la incorporación de indicadores y análisis de género. Para su elaboración:

a) Deberán contar con la supervisión del Instituto Andaluz de la Mujer.
b) Podrán contar, de ser preciso, con el asesoramiento del Instituto Andaluz de la Mujer.

c) Deberán contar con el asesoramiento del Instituto Andaluz de la Mujer.
d) Podrán contar, con un informe facultativo del Instituto Andaluz de la Mujer.

Respuesta correcta: b) Podrán contar, de ser preciso, con el asesoramiento del Instituto Andaluz de la Mujer.

Según el artículo 21bis.5 de la Ley 12/2007, los organismos públicos de investigación del Sistema Andaluz del Conocimiento en Andalucía adoptarán planes de igualdad que deberán incluir medidas incentivadoras para aquellos centros de investigación de su ámbito de competencias que avancen en la incorporación de indicadores y análisis de género. Para su elaboración podrán contar, de ser preciso, con el asesoramiento del Instituto Andaluz de la Mujer.

19. A efectos de la Ley 13/2007, de 26 de noviembre, de medidas de prevención y protección integral contra la violencia de género, qué se entiende como "la acción educadora que valora indistintamente la experiencia, las aptitudes y la aportación social y cultural de las mujeres y los hombres, sin estereotipos sexistas y androcéntricos, ni actitudes discriminatorias, para conseguir el objetivo de construir una sociedad sin subordinaciones culturales y sociales entre mujeres y hombres":

a) La coeducación.
b) La coenseñanza.
c) El coaprendizaje.
d) La coopedagogía.

Respuesta correcta: a) La coeducación.

Según el artículo 11.3 de la *Ley 13/2007, de 26 de noviembre, de medidas de prevención y protección integral contra la violencia de género*, a efectos de esta Ley, la coeducación es la acción educadora que valora indistintamente la experiencia, las aptitudes y la aportación social y cultural de las mujeres y los hombres, sin estereotipos sexistas y androcéntricos, ni actitudes discriminatorias, para conseguir el objetivo de construir una sociedad sin subordinaciones culturales y sociales entre mujeres y hombres. Los principios de la coeducación son un elemento fundamental en la prevención de la violencia de género.

20. Según el artículo 12.2 de la Ley 13/2007, la Administración educativa, en los planes de acción tutorial de los distintos niveles educativos, incluirá contenidos específicos sobre la construcción de .... de género, desde la igualdad, la educación en valores y la erradicación de la violencia de género, atendiendo a la especial situación de las mujeres sobre las que inciden varios factores de discriminación. Señala la palabra que falta en la frase anterior:

a) Perfiles.
b) Indicadores.

c) Roles.
d) Objetivos.

Respuesta correcta: c) Roles.

Según el artículo 12.2 de la Ley 13/2007, la Administración educativa, en los planes de acción tutorial de los distintos niveles educativos, incluirá contenidos específicos sobre la construcción de roles de género, desde la igualdad, la educación en valores y la erradicación de la violencia de género, atendiendo a la especial situación de las mujeres sobre las que inciden varios factores de discriminación.

Solución al test n.º 9

1. c) Laboral.

2. c) Salvo en aquellos casos en que, por la naturaleza de la subvención o de las entidades solicitantes, esté justificada su no incorporación.

3. d) 5 años.

4. b) 3 años.

5. c) Igualdad entre mujeres y hombres.

6. c) Plan de Igualdad de Género.

7. d) Coeducación.

8. a) Corresponsabilidad.

9. d) El Consejo Andaluz de Participación de las Mujeres.

10. b) Vivencial.

11. a) El Instituto Andaluz de la Mujer.

12. a) El Instituto Andaluz de la Mujer.

13. b) Diversidad.

14. d) Diversidad familiar.

15. d) Cuatrienal.

16. b) La perspectiva de género.

17. c) Sesgos.

18. b) Podrán contar, de ser preciso, con el asesoramiento del Instituto Andaluz de la Mujer.

19. a) La coeducación.

20. c) Roles.

TEST N.º 10

El presupuesto de la Comunidad Autónoma de Andalucía. Concepto y estructura. Fases del ciclo presupuestario. La ejecución del presupuesto de la Comunidad Autónoma: el procedimiento general, fases, órganos competentes y documentos contables

1. Señala la respuesta incorrecta. En relación con el Presupuesto de la Junta de Andalucía, de conformidad con lo previsto en el Estatuto de Autonomía, el Presupuesto de la Junta de Andalucía constituye la expresión cifrada, conjunta y sistemática de:

a) Las obligaciones que, como mínimo, pueden reconocer la Junta de Andalucía, sus agencias administrativas y de régimen especial y sus instituciones, consorcios y agencias públicas empresariales que conforme a sus Estatutos sean de las previstas en el artículo 68.1.b) de la Ley 9/2007, de 22 de octubre.

b) Los derechos que prevean liquidar durante el correspondiente ejercicio la Junta de Andalucía, sus agencias administrativas y sus instituciones, consorcios y agencias públicas empresariales que conforme a sus Estatutos sean de las previstas en el artículo 68.1.b) de la Ley 9/2007, de 22 de octubre.

c) Las estimaciones de gastos e ingresos a realizar por las agencias públicas empresariales.

d) Las estimaciones de gastos e ingresos a realizar por las sociedades mercantiles del sector público andaluz, por las fundaciones y las demás entidades previstas en el artículo 5.3 de la Ley General de Hacienda Pública de la Junta de Andalucía, y por la dotación para operaciones financieras de fondos regulados en el artículo 5.5.

2. El ejercicio presupuestario coincidirá con el año natural y a él se imputarán:

a) Los derechos reconocidos durante el mismo, cualquiera que sea el periodo de que deriven.

b) Los derechos liquidados durante el mismo, cualquiera que sea el periodo de que deriven.

c) Los derechos liquidados durante el ejercicio corriente.

d) Los derechos reconocidos durante el ejercicio corriente.

3. El ejercicio presupuestario coincidirá con el año natural y a él se imputarán:

a) Las obligaciones liquidadas hasta el 31 de diciembre, con cargo a los créditos presupuestarios.

b) Las obligaciones reconocidas hasta el 31 de diciembre, con cargo a los créditos presupuestarios.

c) Las obligaciones autorizadas hasta el 31 de diciembre, con cargo a los créditos presupuestarios.

d) Las obligaciones dispuestas hasta el 31 de diciembre, con cargo a los créditos presupuestarios.

4. El Presupuesto de la Comunidad Autónoma de Andalucía será único e incluirá la totalidad de los gastos e ingresos de:

a) La Junta de Andalucía, sus agencias administrativas y de régimen especial y sus instituciones.

b) Las agencias públicas empresariales que conforme a sus Estatutos sean de las previstas en el artículo 68.1.b) de la Ley 9/2007, de 22 de octubre.

c) Los consorcios adscritos a la Administración de la Junta de Andalucía.

d) Todas las respuestas son correctas.

5. El Presupuesto de la Comunidad Autónoma de Andalucía contendrá:

a) Los estados de gastos de la Junta de Andalucía y de sus agencias administrativas y de régimen especial, en los que se incluirán, con la debida especificación, los créditos necesarios para atender el cumplimiento de las obligaciones.

b) Los estados de ingresos de la Junta de Andalucía y de sus agencias administrativas y de régimen especial, en los que figuren las estimaciones de los distintos derechos económicos a liquidar durante el ejercicio.

c) Los estados de gastos e ingresos de sus instituciones.

d) Todas las respuestas son correctas.

6. El Presupuesto de la Comunidad Autónoma de Andalucía contendrá:

a) Los presupuestos de los fondos carentes de personalidad jurídica definidos en el artículo 5.5, determinándose expresamente las operaciones financieras.

b) Los presupuestos de explotación y de capital de las restantes agencias públicas empresariales y de las sociedades mercantiles del sector público andaluz.

c) Los presupuestos de explotación y de capital de las fundaciones y demás entidades referidas en el artículo 5.3.

d) Todas las respuestas son correctas.

7. En relación con la estructura de los estados de gastos y de ingresos del Presupuesto de la Comunidad Autónoma de Andalucía, señala la respuesta incorrecta:

a) La estructura del Presupuesto de ingresos y gastos se determinará por la Consejería competente en materia de Hacienda, teniendo en cuenta la organización de la Junta de

Andalucía y de sus agencias administrativas e instituciones, la naturaleza económica de los ingresos y de los gastos, las finalidades y objetivos que con estos últimos se propongan conseguir y los programas de inversiones previstos en los correspondientes planes económicos vigentes.

b) El estado de gastos aplicará la clasificación orgánica, funcional por programas y económica.

c) Los gastos de inversión se clasificarán territorialmente.

d) El estado de ingresos aplicará la clasificación orgánica, funcional por programas y económica.

8. Conforme a la Ley General de Hacienda, las Consejerías y los distintos órganos, instituciones, agencias administrativas y de régimen especial y públicas empresariales referidas en el artículo 33.2.c) de esta Ley y consorcios, con dotaciones diferenciadas en el Presupuesto de la Junta de Andalucía, remitirán a la Consejería competente en materia de Hacienda, los correspondientes anteproyectos de estado de gastos antes de:

a) Al menos tres meses de la expiración del Presupuesto corriente.

b) Al menos dos meses de la expiración del Presupuesto corriente.

c) El día 1 de julio de cada año.

d) El día 1 de agosto de cada año.

9. El estado de ingresos del Presupuesto de la Junta de Andalucía será elaborado por:

a) La Consejería competente en materia de Hacienda.

b) La Junta de Andalucía, sus agencias administrativas y sus instituciones.

c) Las agencias públicas empresariales y de régimen especial, de las sociedades mercantiles del sector público andaluz, de la dotación para operaciones financieras de los fondos regulados en el artículo 5.3 de la Ley General de Hacienda Pública de la Junta de Andalucía.

d) Los consorcios, fundaciones y otras entidades que perciban transferencias de financiación y expresamente se prevean en la Ley del Presupuesto.

10. Conforme a la Ley General de Hacienda, las Consejerías y los distintos órganos, instituciones y agencias administrativas y públicas empresariales referidas en el artículo 33.2.c) de esta Ley y consorcios, con dotaciones diferenciadas en el Presupuesto de la Junta de Andalucía, remitirán a la Consejería competente en materia de Hacienda, los correspondientes anteproyectos de estado de gastos:

a) Debidamente documentados, de acuerdo con las leyes que sean de aplicación y con las directrices aprobadas por el Consejo de Gobierno, a propuesta de la persona titular de la Consejería competente en materia de Hacienda.

b) Debidamente foliados, de acuerdo con las leyes que sean de aplicación y con las directrices aprobadas por el Consejo de Gobierno, a propuesta de la persona titular de la Consejería competente en materia de Hacienda.

c) Debidamente documentados, de acuerdo con los decretos que sean de aplicación y con las directrices aprobadas por el Consejo de Gobierno, a propuesta de la persona titular de la Consejería competente en materia de Hacienda.

d) Debidamente documentados, de acuerdo con las directrices que sean de aplicación y con los decretos aprobados por el Consejo de Gobierno, a propuesta de la persona titular de la Consejería competente en materia de Hacienda.

11. En todo caso, tendrán carácter específicamente vinculante los siguientes créditos financiados con recursos propios:

a) Incentivos al rendimiento a nivel de sección, servicio y artículo 15.

b) Seguridad Social a nivel de sección, servicio y concepto 160.

c) Atenciones protocolarias y representativas a nivel de sección, servicio, programa y subconcepto 226.01.

d) Todas las respuestas son correctas.

12. Conforme al artículo 40 de la General de Hacienda Pública de la Junta de Andalucía, podrán adquirirse compromisos por gastos que hayan de extenderse a ejercicios posteriores a aquel en que se autoricen, siempre que se encuentren en alguno de los casos que a continuación se indican:

a) Inversiones y transferencias de capital.

b) Contratos de suministro, así como de servicios que no puedan ser estipulados o resulten antieconómicos por plazo de un año.

c) Arrendamientos de bienes inmuebles.

d) Todas las respuestas son correctas.

13. El número de ejercicios a los que pueden aplicarse los gastos referidos en los párrafos a), b), e) y g) del apartado 2 del artículo 40 antes referido, a) Inversiones y transferencias de capital; b) Contratos de suministro, así como de servicios que no puedan ser estipulados o resulten antieconómicos por plazo de un año; e) Subvenciones y ayudas, y g) Concesión de préstamos para promoción económica en programas especiales aprobados por el Consejo de Gobierno, no será superior a:

a) Cuatro.

b) Cinco.

c) Seis.

d) Siete.

14. Los créditos para gastos que el último día del ejercicio presupuestario a que se refiere el párrafo b) del artículo 32 de la Ley General de la Hacienda Pública de la Junta de Andalucía no estén afectados al cumplimiento de obligaciones ya reconocidas quedarán:

a) Incorporados automáticamente.

b) Anulados de pleno derecho.

c) Liquidados.
d) Prorrogados.

15. Los créditos para gastos que el último día del ejercicio presupuestario a que se refiere el párrafo b) del artículo 32 de la Ley General de la Hacienda Pública de la Junta de Andalucía no estén afectados al cumplimiento de obligaciones ya reconocidas se podrán incorporar al estado de gastos del ejercicio inmediatamente siguiente:

a) Los remanentes de créditos procedentes de los Fondos de Compensación Interterritorial.

b) Los remanentes de créditos financiados con fondos procedentes de la Unión Europea de acuerdo con la planificación establecida por el centro directivo responsable de la programación de los Fondos Europeos, y hasta el límite de su financiación externa.

c) Los remanentes de créditos extraordinarios y suplementos de créditos.

d) Todas las respuestas son correctas.

En MADTEST tienes **más preguntas de este tema, comentadas y argumentadas**, y todos tus avances quedan registrados y se reflejan en el ranking.

¡Supera tus límites con MADTEST!

A continuación te presentamos algunos ejemplos de preguntas comentadas:

16. Conforme al principio de temporalidad de los créditos:

a) Con cargo a los créditos del estado de gastos consignados en el Presupuesto, solamente podrán contraerse obligaciones derivadas de gastos que se realicen en el año natural del ejercicio presupuestario.

b) No obstante, se aplicarán a los créditos del Presupuesto vigente, en el momento de expedición de las órdenes de pago, las obligaciones que resulten de la liquidación de atrasos a favor del personal al servicio de la Comunidad Autónoma.

c) No obstante, se aplicarán a los créditos del Presupuesto vigente, en el momento de expedición de las órdenes de pago, las obligaciones derivadas de compromisos de gasto debidamente adquiridos en ejercicios anteriores.

d) Todas las respuestas son correctas.

Respuesta correcta: d) Todas las respuestas son correctas.

Según el artículo 42 del Decreto Legislativo 1/2010, de 2 de marzo, por el que se aprueba el texto refundido de la Ley General de la Hacienda Pública de la Junta de Andalucía:

"1. Con cargo a los créditos del estado de gastos consignados en el Presupuesto, solamente podrán contraerse obligaciones derivadas de gastos que se realicen en el año natural del ejercicio presupuestario.

2. No obstante, se aplicarán a los créditos del Presupuesto vigente, en el momento de expedición de las órdenes de pago, las obligaciones siguientes:

a) Las que resulten de la liquidación de atrasos a favor del personal al servicio de la Comunidad Autónoma.

b) Las derivadas de compromisos de gasto debidamente adquiridos en ejercicios anteriores. La Consejería competente en materia de Hacienda determinará, a iniciativa de la Consejería correspondiente, los créditos a los que habrá de imputarse el pago de estas obligaciones."

17. Cuando haya de realizarse con cargo al Presupuesto algún gasto que no pueda demorarse hasta el ejercicio siguiente y no exista en él crédito, la persona titular de la Consejería competente en materia de Hacienda, previo informe de la Dirección General de Presupuestos, elevará al acuerdo del Consejo de Gobierno la remisión de un proyecto de Ley al Parlamento de:

a) Concesión de una prórroga presupuestaria.
b) Concesión de un Anticipo de Tesorería.
c) Concesión de un crédito extraordinario.
d) Concesión de un suplemento de crédito.

Respuesta correcta: c) Concesión de un crédito extraordinario.

Conforme al artículo 43 del Decreto Legislativo 1/2010, de 2 de marzo, por el que se aprueba el texto refundido de la Ley General de la Hacienda Pública de la Junta de Andalucía:

"Cuando haya de realizarse con cargo al Presupuesto algún gasto que no pueda demorarse hasta el ejercicio siguiente y no exista en él crédito o sea insuficiente y no ampliable el consignado, la persona titular de la Consejería competente en materia de Hacienda, previo informe de la Dirección General de Presupuestos, elevará al acuerdo del Consejo de Gobierno la remisión de un proyecto de Ley al Parlamento de concesión de un crédito extraordinario, en el primer caso, o de un suplemento de crédito en el segundo, y en el que se especifiquen los recursos concretos que deben financiarlos.

En el supuesto de que el Consejo de Gobierno haya acordado la aplicación del Fondo de Contingencia contemplado en el artículo 35.4, de conformidad con el artículo 52.6, el crédito extraordinario o suplemento de crédito correspondiente será aprobado por la persona titular de la Consejería competente en materia de hacienda".

18. Cuando haya de realizarse con cargo al Presupuesto algún gasto que no pueda demorarse hasta el ejercicio siguiente y el crédito sea insuficiente y no ampliable el consignado, la persona titular de la Consejería competente en materia de Hacienda, previo informe de la Dirección General de Presupuestos, elevará al acuerdo del Consejo de Gobierno la remisión de un proyecto de Ley al Parlamento de:

a) Concesión de una prórroga presupuestaria.
b) Concesión de un Anticipo de Tesorería.

c) Concesión de un crédito extraordinario.
d) Concesión de un suplemento de crédito.

Respuesta correcta: d) Concesión de un suplemento de crédito.

El artículo 43 del Decreto Legislativo 1/2010, de 2 de marzo, por el que se aprueba el texto refundido de la Ley General de la Hacienda Pública de la Junta de Andalucía, dispone que:

"Cuando haya de realizarse con cargo al Presupuesto algún gasto que no pueda demorarse hasta el ejercicio siguiente y no exista en él crédito o sea insuficiente y no ampliable el consignado, la persona titular de la Consejería competente en materia de Hacienda, previo informe de la Dirección General de Presupuestos, elevará al acuerdo del Consejo de Gobierno la remisión de un proyecto de Ley al Parlamento de concesión de un crédito extraordinario, en el primer caso, o de un suplemento de crédito en el segundo, y en el que se especifiquen los recursos concretos que deben financiarlos.

En el supuesto de que el Consejo de Gobierno haya acordado la aplicación del Fondo de Contingencia contemplado en el artículo 35.4, de conformidad con el artículo 52.6, el crédito extraordinario o suplemento de crédito correspondiente será aprobado por la persona titular de la Consejería competente en materia de hacienda".

19. Con carácter excepcional y en los casos que determina el artículo 44 de la Ley General de Hacienda Pública de la Junta de Andalucía, el Consejo de Gobierno, a propuesta de la persona titular de la Consejería competente en materia de Hacienda, podrá conceder para atender gastos inaplazables:

a) Una prórroga presupuestaria.
b) Un Anticipo de Tesorería.
c) Un crédito extraordinario.
d) Un suplemento de crédito.

Respuesta correcta: b) Un Anticipo de Tesorería.

De acuerdo con el 44.1 artículo del Decreto Legislativo 1/2010, de 2 de marzo, por el que se aprueba el texto refundido de la Ley General de la Hacienda Pública de la Junta de Andalucía:

"1. Con carácter excepcional, el Consejo de Gobierno, a propuesta de la persona titular de la Consejería competente en materia de Hacienda, podrá conceder anticipos de tesorería para atender gastos inaplazables, con el límite máximo en cada ejercicio del 2 por ciento de los créditos autorizados por la Ley del Presupuesto, en los siguientes casos:

a) Cuando, una vez iniciada la tramitación de los expedientes de créditos extraordinarios o de suplementos de créditos, hubiera emitido informe favorable la persona titular de la Consejería competente en materia de Hacienda.

b) Cuando se hubiera aprobado una ley por la que se establezcan obligaciones, cuyo cumplimiento exija la concesión de créditos extraordinarios o suplementos de crédito.

2. Si el Parlamento no aprobase el proyecto de Ley de concesión del crédito extraordinario o del suplemento de crédito, el importe del anticipo de tesorería se cancelará con cargo a los créditos de la respectiva Consejería o agencia administrativa cuya minoración ocasione menos trastornos para el servicio público."

20. Podrán autorizarse Anticipos de Tesorería, en los siguientes casos:

a) Cuando, una vez iniciada la tramitación de los expedientes de créditos extraordinarios o de suplementos de créditos, hubiera emitido informe favorable la persona titular de la Consejería competente en materia de Hacienda.

b) Cuando se hubiera aprobado una ley por la que se establezcan obligaciones, cuyo cumplimiento exija la concesión de créditos extraordinarios o suplementos de crédito.

c) Cuando se hubiera prorrogado el Presupuesto automáticamente.

d) Las respuestas a) y b) son correctas.

Respuesta correcta: d) Las respuestas a) y b) son correctas.

Conforme al artículo 44.1 artículo del Decreto Legislativo 1/2010, de 2 de marzo, por el que se aprueba el texto refundido de la Ley General de la Hacienda Pública de la Junta de Andalucía:

"1. Con carácter excepcional, el Consejo de Gobierno, a propuesta de la persona titular de la Consejería competente en materia de Hacienda, podrá conceder anticipos de tesorería para atender gastos inaplazables, con el límite máximo en cada ejercicio del 2 por ciento de los créditos autorizados por la Ley del Presupuesto, en los siguientes casos:

a) Cuando, una vez iniciada la tramitación de los expedientes de créditos extraordinarios o de suplementos de créditos, hubiera emitido informe favorable la persona titular de la Consejería competente en materia de Hacienda.

b) Cuando se hubiera aprobado una ley por la que se establezcan obligaciones, cuyo cumplimiento exija la concesión de créditos extraordinarios o suplementos de crédito.

Solución al test n.º 10

1. a) Las obligaciones que, como mínimo, pueden reconocer la Junta de Andalucía, sus agencias administrativas y de régimen especial y sus instituciones.

2. b) Los derechos liquidados durante el mismo, cualquiera que sea el periodo de que deriven.

3. b) Las obligaciones reconocidas hasta el 31 de diciembre, con cargo a los créditos presupuestarios.

4. d) Todas las respuestas son correctas.

5. d) Todas las respuestas son correctas.

6. d) Todas las respuestas son correctas.

7. d) El estado de ingresos aplicará la clasificación orgánica, funcional por programas y económica.

8. d) El día 1 de agosto de cada año.

9. a) La Consejería competente en materia de Hacienda.

10. a) Debidamente documentados, de acuerdo con las leyes que sean de aplicación y con las directrices aprobadas por el Consejo de Gobierno, a propuesta de la persona titular de la Consejería competente en materia de Hacienda.

11. d) Todas las respuestas son correctas.

12. d) Todas las respuestas son correctas.

13. c) Seis.

14. b) Anulados de pleno derecho.

15. d) Todas las respuestas son correctas.

16. d) Todas las respuestas son correctas.

17. c) Concesión de un crédito extraordinario.

18. d) Concesión de un suplemento de crédito.

19. b) Un Anticipo de Tesorería.

20. d) Las respuestas a) y b) son correctas.

La función pública en la Administración de la Junta de Andalucía. Adquisición y pérdida de la relación de servicio en la Administración General de la Junta de Andalucía. La carrera profesional y la promoción interna. La provisión de puestos de trabajo. Situaciones administrativas. Derechos y deberes de los empleados públicos. Régimen disciplinario. La prevención de riesgos laborales y la salud laboral en la Administración Pública

1. El funcionario de la Junta de Andalucía en situación de suspensión provisional tendrá derecho a percibir:

a) El 75 % de su sueldo y trienios.
b) El 50 % de su sueldo y dos pagas extraordinarias al año.
c) El 100 % de las prestaciones básicas y la totalidad de la prestación económica por hijo a cargo.
d) El 80 % de su sueldo y la totalidad del complemento familiar.

2. Cuando un funcionario preste servicios en el Gabinete del Presidente de la Junta quedará en la siguiente situación administrativa:

a) En servicio activo.
b) En servicio activo, si opta para ello.
c) En servicios especiales.
d) En excedencia voluntaria.

3. La concesión de una licencia para asuntos propios a un funcionario en la Administración de la Junta de Andalucía, implicará la siguiente situación administrativa:

a) Servicio activo.
b) Servicios especiales.
c) Excedencia voluntaria.
d) Excedencia forzosa.

4. Indica cuál de las señaladas no es una situación administrativa de los funcionarios de la Junta de Andalucía:

a) Excedencia voluntaria.
b) Separación del servicio.
c) Servicios especiales.
d) Servicio activo.

5. Cuando así esté previsto en las normas que regulen los procedimientos sancionadores, se podrá adoptar mediante resolución motivada la suspensión provisional del funcionario, en el caso de que la suspensión no sea declarada firme, el tiempo de duración de la misma se computará:

a) Como de servicio activo, debiendo acordarse la inmediata reincorporación del funcionario a su puesto de trabajo, con reconocimiento de todos los derechos económicos y demás que procedan desde la fecha de suspensión.
b) Como de servicio especiales, debiendo acordarse la inmediata reincorporación del funcionario a su puesto de trabajo, con reconocimiento de todos los derechos económicos y demás que procedan desde la fecha de suspensión.
c) Como de excedencia forzosa, debiendo acordarse la inmediata reincorporación del funcionario a su puesto de trabajo, con reconocimiento de todos los derechos económicos y demás que procedan desde la fecha de suspensión.
d) Como de suspensión provisional, debiendo acordarse la inmediata reincorporación del funcionario a su puesto de trabajo, con reconocimiento de todos los derechos económicos y demás que procedan desde la fecha de suspensión.

6. Los excedentes forzosos tendrán derecho a la percepción de:

a) Las retribuciones básicas y, en su caso, las prestaciones familiares por hijo a cargo, así como al cómputo del tiempo en dicha situación a efectos de derechos pasivos y de trienios.
b) Sueldo y trienios y, en su caso, las prestaciones familiares por hijo a cargo, así como al cómputo del tiempo en dicha situación a efectos de derechos pasivos y de trienios.
c) Sueldo, trienios y complemento de destino y, en su caso, las prestaciones familiares por hijo a cargo, así como al cómputo del tiempo en dicha situación a efectos de derechos pasivos y de trienios.
d) Todas las retribuciones.

7. El grado personal de los funcionarios se adquiere por el desempeño de uno o más puestos del nivel correspondiente, durante:

a) Dos años consecutivos o tres con interrupción.
b) Un año.
c) Cuatro años consecutivos o cinco con interrupción.
d) Tres años consecutivos.

8. El nivel mínimo de los funcionarios el Grupo B es:

a) 13.
b) 16.
c) 18.
d) 19.

9. Cuando un funcionario adquiera la condición de funcionario al servicio de una Organización Internacional, pasará a la situación administrativa de:

a) Servicios especiales.
b) Servicio activo.
c) Excedencia voluntaria.
d) Excedencia forzosa.

10. En el sistema de libre designación, las solicitudes se dirigirán al órgano convocante dentro del plazo de:

a) Diez días hábiles siguientes al de la publicación de la convocatoria.
b) Diez días naturales siguientes al de la publicación de la convocatoria.
c) Quince días hábiles siguientes al de la publicación de la convocatoria.
d) Quince días naturales siguientes al de la publicación de la convocatoria.

11. En el sistema de concurso el plazo para tomar posesión del nuevo destino, si el funcionario radica en distinta localidad será de:

a) Un mes.
b) Dos meses.
c) Tres meses.
d) Cuatro meses.

12. ¿A qué órgano le corresponde la convocatoria y resolución de los concursos de méritos para la provisión de puestos de trabajo en la Consejería de Universidad, Investigación e Innovación?

a) Al Consejo de Gobierno.
b) Al Consejero de Justicia, Administración Local y Función Pública.
c) Al Secretario General de la Administración Pública.
d) Al Consejero de Transformación Económica, Industria, Conocimiento y Universidades.

13. La cuantía del complemento de destino que perciba el funcionario vendrá determinada por:

a) El nivel del puesto de trabajo que se desempeñe.
b) La especial dificultad técnica del puesto que se desempeñe.

c) La especial dedicación que requiera el puesto de trabajo en que se halle destinado el funcionario.

d) La especial responsabilidad del puesto que se desempeñe.

14. Las gratificaciones otorgadas por servicios prestados fuera de la jornada normal de trabajo serán:

a) Fijas en su cuantía.
b) Periódicas en su devengo.
c) Ni fijas en su cuantía ni periódicas en su devengo.
d) Periódicas en su devengo, pero no fijas en su cuantía.

15. La regulación de las indemnizaciones por razón del servicio, aplicables a los funcionarios de la Junta de Andalucía, se contiene en una norma con el siguiente rango:

a) Ley.
b) Orden de la Consejería de Justicia, Administración Local y Función Pública.
c) Decreto del Consejo de Gobierno.
d) No existe normativa autonómica propia.

En MADTEST tienes **más preguntas de este tema, comentadas y argumentadas**, y todos tus avances quedan registrados y se reflejan en el ranking.

¡Supera tus límites con MADTEST!

A continuación te presentamos algunos ejemplos de preguntas comentadas:

16. El incumplimiento de régimen de incompatibilidades por el personal funcionario puede constituir:

a) Falta muy grave solamente.
b) Falta grave o muy grave.
c) Falta grave solamente.
d) Falta leve.

Respuesta correcta: b) Falta grave o muy grave.

Según los artículos 5, 6.h) y 7.k) del Real Decreto 33/1986, de 10 de enero, por el que se aprueba el Reglamento de Régimen Disciplinario de los Funcionarios de la Administración del Estado:

"Artículo 5. Las faltas cometidas por los funcionarios en el ejercicio de sus cargos podrán ser muy graves, graves y leves.

Artículo 6. Son faltas muy graves:

(……………)

h) El incumplimiento de las normas sobre incompatibilidades.

Artículo 7. 1. Son faltas graves:

(…………..)

k) El incumplimiento de los plazos u otras disposiciones de procedimiento en materia de incompatibilidades, cuando no suponga mantenimiento de una situación de incompatibilidad.

De acuerdo con el artículo 95.2. n) del Real Decreto Legislativo 5/2015, de 30 de octubre, por el que se aprueba el Texto Refundido de la Ley del Estatuto Básico del Empleado Público:

1. Las faltas disciplinarias pueden ser muy graves, graves y leves.

2. Son faltas muy graves:

(…………………)

n) El incumplimiento de las normas sobre incompatibilidades cuando ello dé lugar a una situación de incompatibilidad.

17. ¿Qué artículo de la Constitución preceptúa la regulación con rango legal básico del sistema de incompatibilidades?

a) Artículo 103.
b) Artículo 105.
c) Artículo 106.
d) Artículo 104.

Respuesta correcta: a) Artículo 103.

De acuerdo con el artículo 103.3 de la Constitución Española de 1978:

"1. La Administración Pública sirve con objetividad los intereses generales y actúa de acuerdo con los principios de eficacia, jerarquía, descentralización, desconcentración y coordinación, con sometimiento pleno a la ley y al Derecho.

2. Los órganos de la Administración del Estado son creados, regidos y coordinados de acuerdo con la ley.

3. La ley regulará el estatuto de los funcionarios públicos, el acceso a la función pública de acuerdo con los principios de mérito y capacidad, las peculiaridades del ejercicio de su derecho a sindicación, el sistema de incompatibilidades y las garantías para la imparcialidad en el ejercicio de sus funciones."

18. En todo caso, el personal al servicio de las Administraciones Públicas no po-drá ejercer las actividades siguientes:

a) El desempeño de actividades privadas, no incluidas las de carácter profesional, sea por cuenta propia o bajo la dependencia o al servicio de Entidades o particulares, en los asuntos en que esté interviniendo, haya intervenido en los dos últimos años, o tenga que intervenir por razón del puesto público.

b) Se incluyen en especial, en esta incompatibilidad, las actividades profesionales prestadas a personas a quienes no se esté obligado a atender en el desempeño del pues-to público.

c) La pertenencia a Consejos de Administración u órganos rectores de empresas o En-tidades privadas, siempre que la actividad de las mismas esté directamente relacionada con las que gestione la Consejería u Organismo en que preste sus servicios el personal afectado.

d) El desempeño, por sí o persona interpuesta, de cargos de todo orden en Empresas o Sociedades concesionarias, contratistas de obras, servicios o suministros, arrendatarias o administradoras de monopolios, o sin participación o aval del sector público, cualquie-ra que sea la configuración jurídica de aquellas.

Respuesta correcta: c) La pertenencia a Consejos de Administración u órganos recto-res de empresas o Entidades privadas, siempre que la actividad de las mismas esté di-rectamente relacionada con las que gestione la Consejería u Organismo en que preste sus servicios el personal afectado.

Conforme al artículo 12 de la Ley 53/1984, de 26 de diciembre, de Incompatibilidades del Personal al Servicio de las Administraciones Publicas:

"1. En todo caso, el personal comprendido en el ámbito de aplicación de esta Ley no podrá ejercer las actividades siguientes:

a) El desempeño de actividades privadas, incluidas las de carácter profesional, sea por cuenta propia o bajo la dependencia o al servicio de Entidades o particulares, en los asuntos en que esté interviniendo, haya intervenido en los dos últimos años o tenga que intervenir por razón del puesto público. Se incluyen en especial en esta incompatibilidad las actividades profesionales prestadas a personas a quie-nes se esté obligado a atender en el desempeño del puesto público.

b) La pertenencia a Consejos de Administración u órganos rectores de Empresas o Entidades privadas, siempre que la actividad de las mismas esté directamente re-lacionada con las que gestione el Departamento, Organismo o Entidad en que preste sus servicios el personal afectado.

c) El desempeño, por sí o por persona interpuesta, de cargos de todo orden en Em-presas o Sociedades concesionarias, contratistas de obras, servicios o suministros, arrendatarias o administradoras de monopolios, o con participación o aval del sec-tor público, cualquiera que sea la configuración jurídica de aquéllas.

d) La participación superior al 10 por 100 en el capital de las Empresas o Sociedades a que se refiere el párrafo anterior.

2. Las actividades privadas que correspondan a puestos de trabajo que requieran la presencia efectiva del interesado durante un horario igual o superior a la mitad de la jornada semanal ordinaria de trabajo en las Administraciones Públicas sólo podrán autorizarse cuando la actividad pública sea una de las enunciadas en esta Ley como de prestación a tiempo parcial."

19. Un funcionario que actúe incorrectamente con sus superiores, ¿incurriría en falta?

a) Sí, muy grave.
b) Sí, leve.
c) Sí, grave.
d) No incurriría en falta.

Respuesta correcta: b) Sí, leve.

De acuerdo con el artículo 8.c) del Real Decreto 33/1986, de 10 de enero, por el que se aprueba el Reglamento de Régimen Disciplinario de los Funcionarios de la Administración del Estado:

"Son faltas leves:

a) El incumplimiento injustificado del horario de trabajo, cuando no suponga falta grave.

b) La falta de asistencia injustificada de un día.

c) La incorrección con el público, superiores, compañeros o subordinados.

d) El descuido o negligencia en el ejercicio de sus funciones.

e) El incumplimiento de los deberes y obligaciones del funcionario, siempre que no deban ser calificados como falta muy grave o grave."

20. ¿Cuál de las respuestas no es correcta, con respecto a la calificación de las faltas de los funcionarios?

a) Graves.
b) Gravísimas.
c) Muy graves.
d) Leves.

Respuesta correcta: b) Gravísimas.

De acuerdo con el artículo 95.1 del Real Decreto Legislativo 5/2015, de 30 de octubre, por el que se aprueba el Texto Refundido de la Ley del Estatuto Básico del Empleado Público:

"1. Las faltas disciplinarias pueden ser muy graves, graves y leves."

Según los artículos 5 del Real Decreto 33/1986, de 10 de enero, por el que se aprueba el Reglamento de Régimen Disciplinario de los Funcionarios de la Administración del Estado:

"Artículo 5. Las faltas cometidas por los funcionarios en el ejercicio de sus cargos podrán ser muy graves, graves y leves."

Solución al test n.º 11

1. c) El 100 % de las prestaciones básicas y la totalidad de la prestación económica por hijo a cargo.

2. b) En servicio activo, si opta para ello.

3. a) Servicio activo.

4. b) Separación del servicio.

5. a) Como de servicio activo, debiendo acordarse la inmediata reincorporación del funcionario a su puesto de trabajo, con reconocimiento de todos los derechos económicos y demás que procedan desde la fecha de suspensión.

6. a) Las retribuciones básicas y, en su caso, las prestaciones familiares por hijo a cargo, así como al cómputo del tiempo en dicha situación a efectos de derechos pasivos y de trienios.

7. a) Dos años consecutivos o tres con interrupción.

8. c) 18.

9. a) Servicios especiales.

10. c) Quince días hábiles siguientes al de la publicación de la convocatoria.

11. a) Un mes.

12. d) Al Consejero de Universidad, Investigación e Innovación.

13. a) El nivel del puesto de trabajo que se desempeñe.

14. c) Ni fijas en su cuantía ni periódicas en su devengo.

15. c) Decreto del Consejo de Gobierno.

16. b) Falta grave o muy grave.

17. a) Artículo 103.

18. c) La pertenencia a Consejos de Administración u órganos rectores de empresas o Entidades privadas, siempre que la actividad de las mismas esté directamente relacionada con las que gestione la Consejería u Organismo en que preste sus servicios el personal afectado.

19. b) Sí, leve.

20. b) Gravísimas.

El sistema español de Seguridad Social. El régimen general. Afiliación de trabajadores: altas, bajas, forma de practicarse y plazos. Cotización: bases y tipos. La recaudación de cuotas. Otros regímenes de previsión social del personal al servicio de la Junta de Andalucía

1. De conformidad con el art.9 TRLGSS el Sistema de la Seguridad Social viene integrado por los siguientes Regímenes:

a) El Régimen Especial Agrario y Regímenes Especiales.
b) Régimen General, Regímenes Especiales y Régimen Complementario.
c) Régimen General y Regímenes Especiales.
d) Régimen Especial del Mar.

2. De conformidad con el artículo 136.1 TRLGGS, estarán obligatoriamente incluidos en el campo de aplicación del Régimen General de la Seguridad Social:

a) Los trabajadores por cuenta propia y los asimilados a los que se refiere el artículo 7.1.a) de esta ley, salvo que por razón de su actividad deban quedar comprendidos en el campo de aplicación de algún régimen especial de la Seguridad Social.
b) Los trabajadores por cuenta ajena y los asimilados a los que se refiere el artículo 7.1.a) de esta ley, salvo que por razón de su actividad deban quedar comprendidos en el campo de aplicación de algún régimen especial de la Seguridad Social.
c) Los trabajadores por cuenta ajena y los asimilados a los que por razón de su actividad deban quedar comprendidos en el campo de aplicación de algún régimen especial de la Seguridad Social.
d) Ninguna es correcta.

3. A los efectos del artículo 136.2 TRLGSS se declaran expresamente comprendidos en el Régimen General:

a) Los trabajadores incluidos en el Sistema Especial para Empleados de Hogar y en el Sistema Especial para Trabajadores por Cuenta Ajena Agrarios, así como en cualquier otro de los sistemas especiales a que se refiere el artículo 11, establecidos en el Régimen General de la Seguridad Social.

b) Los trabajadores por cuenta ajena y los socios trabajadores de las sociedades de capital, aun cuando sean miembros de su órgano de administración, si el desempeño de este cargo no conlleva la realización de las funciones de dirección y gerencia de la sociedad, ni posean su control en los términos previstos por el artículo 305.2.b).

c) Como asimilados a trabajadores por cuenta ajena, los consejeros y administradores de las sociedades de capital, siempre que no posean su control en los términos previstos por el artículo 305.2.b), cuando el desempeño de su cargo conlleve la realización de las funciones de dirección y gerencia de la sociedad, siendo retribuidos por ello o por su condición de trabajadores por cuenta de la misma.

d) Todas son correctas.

4. Según el articulo 137 TRLGSS no darán lugar a inclusión en este Régimen General los siguientes trabajos:

a) Los que se ejecuten mediante los llamados servicios amistosos, benévolos o de buena vecindad, los que den lugar a la inclusión en alguno de los sistemas especiales de la Seguridad Social y los realizados por los profesores universitarios eméritos, de conformidad con lo previsto en el apartado 2 de la disposición adicional vigésima segunda de la Ley Orgánica 6/2001, de 21 de diciembre, de Universidades, así como por el personal licenciado sanitario emérito nombrado al amparo de la disposición adicional cuarta de la Ley 55/2003, de 16 de diciembre, del Estatuto Marco del personal estatutario de los servicios de salud.

b) Los que se ejecuten ocasionalmente mediante los llamados servicios amistosos, benévolos o de buena vecindad, los que den lugar a la inclusión en alguno de los regímenes especiales de la Seguridad Social y los realizados por los profesores en general, así como por el personal licenciado sanitario.

c) Los que se ejecuten ocasionalmente mediante los llamados servicios amistosos, benévolos o de buena vecindad, los que den lugar a la inclusión en alguno de los regímenes especiales de la Seguridad Social y los realizados por los profesores universitarios eméritos, de conformidad con lo previsto en el apartado 2 de la disposición adicional vigésima segunda de la Ley Orgánica 6/2001, de 21 de diciembre, de Universidades, así como por el personal licenciado sanitario emérito nombrado al amparo de la disposición adicional cuarta de la Ley 55/2003, de 16 de diciembre, del Estatuto Marco del personal estatutario de los servicios de salud.

d) Los que se ejecuten ocasionalmente mediante los llamados servicios generosos, los que den lugar a la inclusión en alguno de los regímenes especiales de la Seguridad Social y los realizados por los profesores universitarios eméritos, de conformidad con lo previsto en el apartado 2 de la disposición adicional vigésima segunda de la Ley Orgánica 6/2001, de 21 de diciembre, de Universidades, así como por el personal licenciado sanitario emérito nombrado al amparo de la disposición adicional cuarta de la Ley 55/2003, de 16 de diciembre, del Estatuto Marco del personal estatutario de los servicios de salud.

5. A los efectos de las prestaciones en su modalidad contributiva, ¿quién queda comprendido en el campo de aplicación del sistema de la Seguridad Social?

a) Españoles y extranjeros residan o no en España.

b) Españoles que residan en territorio español y extranjeros que residan o se encuentren legalmente en España con independencia de la actividad que desarrollen.

c) Españoles que residan en España y extranjeros que residan o se encuentren en España siempre que en ambos supuestos ejerzan su actividad en territorio nacional y se trate de algunas de las actividades previstas en el articulo 7.1.TRLGSS.

d) Españoles que residan en territorio nacional.

6. Los Regímenes Especiales actualmente en vigor son:

a) Régimen Especial de Trabajadores por cuenta propia o autónomos (RETA).

b) RETA y Régimen Especial del Mar (REM).

c) RETA, REM, Régimen de la Minería del Carbón y Seguro Escolar.

d) Ninguna son correctas.

7. Formas en las que puede promoverse la afiliación al sistema de la Seguridad Social:

a) A instancias del empresario o del representante de los trabajadores.

b) A instancias del empresario, de los trabajadores o de oficio.

c) A instancias del delegado sindical.

d) Por los trabadores.

8. La afiliación al sistema de la Seguridad Social debe realizarse:

a) Con carácter previo.

b) Dentro de los 30 días siguientes al iniciar la actividad.

c) Dentro de los 3 días siguientes al iniciar la actividad.

d) No es necesario solicitar la afiliación.

9. Según el art. 16 del Real Decreto Legislativo 8/2015, de 30 de octubre, por el que se aprueba el texto refundido de la Ley General de la Seguridad Social, ¿cual de las siguientes respuestas es correcta?

a) La afiliación de los trabajadores a la Seguridad Social, así como, los trámites determinados por las altas, bajas y variaciones que puedan producirse con posterioridad a la afiliación podrán ser realizados de oficio por los correspondientes organismos de la Administración de la Seguridad Social.

b) La afiliación de los trabajadores a la Seguridad Social, así como, los trámites determinados por las altas, bajas y variaciones de datos que puedan producirse con posterioridad a la afiliación podrán practicarse a petición de las personas y entidades obligadas a dichos actos, a instancia de los interesados o de oficio por la Administración de la Seguridad Social.

c) Los trabajadores, en el caso de que las personas y entidades a quienes incumban las obligaciones de solicitar la afiliación, altas, bajas y variaciones de datos a la Seguridad Social incumplieran las mismas, únicamente podrán solicitar el alta pero no podrán solicitar ni la afiliación ni la baja de la Seguridad Social.

d) Los trabajadores, en ningún caso, podrán instar la afiliación a la Seguridad Social.

10. Como cotizaciones que se recaudan conjuntamente con las cotizaciones por contingencias comunes y profesionales encontramos:

a) Cotización por desempleo.
b) Cotización por fondo de garantía salarial.
c) Seguro de invalidez.
d) Cotización por desempleo, FOGASA y Formación Profesional.

11. La obligación de cotizar nace:

a) Dentro de los 30 días siguientes al inicio de la actividad.
b) Desde el inicio la actividad.
c) Desde los 3 días antes del inicio de la actividad.
d) Ninguna es correcta.

12. El tipo de cotización aplicable la base de cotización por contingencias comunes es:

a) Del 28,3 % a cargo exclusivo del empresario.
b) El 23,60 % a cargo exclusivo del trabajador.
c) El 28,3 % siendo el 23,6 % a cargo del empresario y el 4,7% a cargo del trabajador.
d) El 30 % a cargo del Estado.

13. El tipo de cotización establecido para el trabajador que haya realizado horas extraordinarias por fuerza mayor será:

a) Del 28,30 %.
b) Del 14 %, siendo el 12 % a cargo de la empresa y el 2 % a cargo del trabajador.
c) Del 28,30 %, siendo el 23,60 % a cargo del empresario y el 4,70 a cargo del trabajador.
d) El 14 % exclusivo a cargo del empresario.

14. Las contingencias de accidentes de trabajo y enfermedad profesional se calculan aplicando:

a) El tipo de cotización previsto para las contingencias comunes.
b) Tipo de cotización para la contingencia de formación profesional.
c) Tarifa de primas.
d) Ninguna son correctas.

15. ¿Quien estará comprendido en el campo de aplicación del sistema de la Seguridad Social a efectos de las prestaciones en su modalidad no contributiva?

a) Los apátridas y extranjeros.
b) Españoles residentes en territorio nacional y extranjeros que residan legalmente en territorio español en los termines previstos por la ley.
c) Españoles no residentes en España.
d) Todas son correctas.

En MADTEST tienes **más preguntas de este tema, comentadas y argumentadas**, y todos tus avances quedan registrados y se reflejan en el ranking.

¡Supera tus límites con MADTEST!

A continuación te presentamos algunos ejemplos de preguntas comentadas:

16. La cotización en los Regímenes General y Especiales tiene carácter:

a) Voluntaria.
b) Obligatorio.
c) Complementario.
d) Solidario.

Respuesta correcta: b) Obligatorio.

La respuesta correcta es Obligatorio, de acuerdo con el artículo 18.1 LGSS:

La cotización a la Seguridad Social es obligatoria en todos los regímenes del sistema.

17. De conformidad con el artículo 21 de la Ley general de la Seguridad Social llevará a efecto la gestión liquidatoria y recaudatoria de los recursos de esta, así como de los conceptos de recaudación conjunta con las cuotas de la Seguridad Social, tanto en período voluntario como en vía ejecutiva, bajo la dirección y tutela del Estado:

a) El Instituto Nacional de la Seguridad Social.
b) El Instituto Social de la Marina.
c) El Instituto de Mayores y Servicios Sociales.
d) La Tesorería General de la Seguridad Social.

Respuesta correcta: d) La Tesorería General de la Seguridad Social.

La respuesta correcta es La Tesorería General de la Seguridad Social, de acuerdo con el artículo 21 LGSS:

La Tesorería General de la Seguridad Social, como caja única del sistema de la Seguridad Social, llevará a efecto la gestión liquidatoria y recaudatoria de los recursos de esta, así como de los conceptos de recaudación conjunta con las cuotas de la Seguridad Social, tanto en período voluntario como en vía ejecutiva, bajo la dirección y tutela del Estado.

18. ¿Cuáles son los sistemas de liquidación de las cuotas de la Seguridad Social, desempleo y conceptos de recaudación conjunta?

a) El sistema de liquidación directa, sistema de autoliquidación y sistema de liquidación simplificada.
b) El sistema de liquidación y recaudación general.

c) El sistema de autoliquidación y sistema de liquidación simplificada.

d) El sistema de liquidación directa y autoliquidación.

Respuesta correcta: a) El sistema de liquidación directa, sistema de autoliquidación y sistema de liquidación simplificada.

La respuesta correcta es El sistema de liquidación directa, sistema de autoliquidación y sistema de liquidación simplificada, de acuerdo con el artículo 22 LGSS:

1. Las cuotas de la Seguridad Social, desempleo y por conceptos de recaudación conjunta se liquidarán, en los términos previstos en esta ley y en sus normas de aplicación y desarrollo, mediante alguno de los siguientes sistemas:

a) Sistema de autoliquidación por el sujeto responsable del ingreso de las cuotas de la Seguridad Social y por conceptos de recaudación conjunta.

b) Sistema de liquidación directa por la Tesorería General de la Seguridad Social, por cada trabajador, en función de los datos de que disponga sobre los sujetos obligados a cotizar y de aquellos otros que los sujetos responsables del cumplimiento de la obligación de cotizar deban aportar, en los términos previstos en el artículo 29.2.

Mediante este sistema, la Tesorería General de la Seguridad Social determinará la cotización correspondiente a cada trabajador, a solicitud del sujeto responsable de su ingreso y cuando los datos que este deba facilitar permitan realizar el cálculo de la liquidación.

No se procederá a la liquidación de cuotas por este sistema respecto de aquellos trabajadores que no figuren en alta en el régimen de la Seguridad Social que corresponda durante el período a liquidar, aunque el sujeto responsable del ingreso hubiera facilitado sus datos a tal efecto.

c) Sistema de liquidación simplificada, que se aplicará para la determinación de las cuotas de los trabajadores por cuenta propia incluidos en el Régimen Especial de la Seguridad Social de los Trabajadores por Cuenta Propia o Autónomos y en el Régimen Especial de la Seguridad Social de los Trabajadores del Mar, de las cuotas de los Sistemas Especiales del Régimen General para Empleados de Hogar y para Trabajadores por Cuenta Ajena Agrarios durante la situación de inactividad, así como de las cuotas fijas del Seguro Escolar, de convenios especiales y de cualquier otra cuota cuya liquidación pueda establecerse a través de este sistema.

19. ¿De conformidad con el artículo 23 del TRLGSS cuando se considerara incumplido el aplazamiento concedido para el pago de las cuotas a la Seguridad Social?

a) Se considerará incumplido el aplazamiento en el momento en que el beneficiario deje de mantenerse al corriente en el pago de sus obligaciones con la Seguridad Social, con posterioridad a su concesión.

b) Se considerará incumplido el aplazamiento en el momento en que el beneficiario deje de mantenerse al corriente en el pago de sus obligaciones con la Seguridad Social, con anterioridad a su concesión.

c) Se considerará incumplido el aplazamiento en el momento en que el beneficiario deje de informar sobre su situación a la Seguridad Social, con posterioridad a su concesión.

d) Ninguna es correcta.

Respuesta correcta: a) Se considerará incumplido el aplazamiento en el momento en que el beneficiario deje de mantenerse al corriente en el pago de sus obligaciones con la Seguridad Social, con posterioridad a su concesión.

La respuesta correcta es Se considerará incumplido el aplazamiento en el momento en que el beneficiario deje de mantenerse al corriente en el pago de sus obligaciones con la Seguridad Social, con posterioridad a su concesión, de acuerdo con el artículo 23 LGSS:

7. Se considerará incumplido el aplazamiento en el momento en que el beneficiario deje de mantenerse al corriente en el pago de sus obligaciones con la Seguridad Social, con posterioridad a su concesión.

20. El derecho de la Administración de la Seguridad Social para determinar las deudas por cuotas y por conceptos de recaudación conjunta mediante las oportunas liquidaciones prescribirá :

a) A los 3 años.
b) A los 2 años.
c) A los 6 años.
d) A los 4 años.

Respuesta correcta: d) A los 4 años.

La respuesta correcta es A los 4 años, de acuerdo con el artículo 24 LGSS:

1. Prescribirán a los cuatro años los siguientes derechos y acciones:

a) El derecho de la Administración de la Seguridad Social para determinar las deudas por cuotas y por conceptos de recaudación conjunta mediante las oportunas liquidaciones.

b) La acción para exigir el pago de las deudas por cuotas de la Seguridad Social y conceptos de recaudación conjunta.

c) La acción para imponer sanciones por incumplimiento de las normas de Seguridad Social.

Solución al test n.º 12

1. c) Régimen General y Regímenes Especiales.

2. b) Los trabajadores por cuenta ajena y los asimilados a los que se refiere el artículo 7.1.a) de esta ley, salvo que por razón de su actividad deban quedar comprendidos en el campo de aplicación de algún régimen especial de la Seguridad Social.

3. d) Todas son correctas.

4. c) Los que se ejecuten ocasionalmente mediante los llamados servicios amistosos, benévolos o de buena vecindad, los que den lugar a la inclusión en alguno de los regímenes especiales de la Seguridad Social y los realizados por los profesores universitarios eméritos, de conformidad con lo previsto en el apartado 2 de la disposición adicional vigésima segunda de la Ley Orgánica 6/2001, de 21 de diciembre, de Universidades, así como por el personal licenciado sanitario emérito nombrado al amparo de la disposición adicional cuarta de la Ley 55/2003, de 16 de diciembre, del Estatuto Marco del personal estatutario de los servicios de salud.

5. c) Españoles que residan en España y extranjeros que residan o se encuentren en España siempre que en ambos supuestos ejerzan su actividad en territorio nacional y se trate de algunas de las actividades previstas en el articulo 7.1.TRLGSS.

6. c) RETA, REM, Régimen de la Minería del Carbón y Seguro Escolar.

7. b) A instancias del empresario, de los trabajadores o de oficio.

8. a) Con carácter previo.

9. b) La afiliación de los trabajadores a la Seguridad Social, así como, los trámites determinados por las altas, bajas y variaciones de datos que puedan producirse con posterioridad a la afiliación podrán practicarse a petición de las personas y entidades obligadas a dichos actos, a instancia de los interesados o de oficio por la Administración de la Seguridad Social.

10. d) Cotización por desempleo, FOGASA y Formación Profesional.

11. b) Desde el inicio la actividad.

12. c) El 28,3% siendo el 23,6%a cargo del empresario y el 4,7% a cargo del trabajador.

13. b) Del 14%, siendo el 12% a cargo de la empresa y el 2% a cargo del trabajador.

14. c) Tarifa de primas.

15. b) Españoles residentes en territorio nacional y extranjeros que residan legalmente en territorio español en los termines previstos por la ley.

16. b) Obligatorio.

17. d) La Tesorería General de la Seguridad Social

18. a) El sistema de liquidación directa, sistema de autoliquidación y sistema de liquidación simplificada.

19. a) Se considerará incumplido el aplazamiento en el momento en que el beneficiario deje de mantenerse al corriente en el pago de sus obligaciones con la Seguridad Social, con posterioridad a su concesión.

20. d) A los 4 años.

Organización y Gestión Administrativa

TEST N.º 13

**La comunicación. Elementos de la comunicación.
Tipos de comunicación: verbal; canales de transmisión no verbal.
La atención al público**

1. ¿Qué elemento de la comunicación permite interpretar correctamente el mensaje transmitido?

a) El significado.
b) El signo.
c) El código.
d) El símbolo.

2. Partes inseparables del signo lingüístico:

a) Pensamiento y lenguaje.
b) Palabra y código.
c) Monema y fonema.
d) Significado y significante.

3. Cuando un mensaje se puede analizar y descomponer en elementos menores que pueden ser utilizados en la composición de otros mensajes, se dice que está:

a) Articulado.
b) Alineado.
c) Derivado.
d) Conjuntado.

4. Un mensaje se puede analizar y descomponer en elementos menores que pueden ser utilizados en la composición de otros mensajes. ¿Cómo se denomina a los elementos menores no divisibles que son las unidades de la primera articulación?

a) Lexema.
b) Morfema.
c) Monema.
d) Signo.

5. En el caso de usuarios de la Administración Pública con un perfil hablador, se recomienda el siguiente trato:

a) Tratarles en reservado.
b) Encauzarles en el tema.
c) Permanecer impasibles.
d) Adulación.

6. Es una característica del ciudadano-cliente presuntuoso:

a) Preguntar mucho.
b) Prefieren escuchar.
c) Van directamente al asunto.
d) Creen saberlo todo.

7. Es el proceso mental consistente en seleccionar, organizar e interpretar información con la finalidad de darle un significado:

a) La expectación.
b) El pensamiento.
c) La percepción.
d) La subjetividad.

8. La capacidad de la entidad para ejecutar el servicio en las condiciones de derecho anunciadas y prometidas, es lo que se conoce como:

a) Fiabilidad.
b) Rectitud.
c) Calidad.
d) Excelencia.

9. Manera de comportarse de la gente cuando está hostil, pero no lo sacan a relucir:

a) Comportamiento pasivo.
b) Comportamiento agresivo.
c) Comportamiento pasivo-agresivo.
d) Comportamiento asertivo.

10. La retroalimentación en la comunicación también se conoce como:

a) *Feedback*.
b) *Feeling*.
c) Simbiosis.
d) Fenómeno eco.

11. ¿Cuál de las palabras siguientes define el fenómeno eco en la comunicación?

a) Transferencia.
b) Retroalimentación.
c) *Feeling.*
d) Reformulación.

12. No es una parte de la acogida al ciudadano:

a) Presentación.
b) Puesta a su disposición.
c) Negociación.
d) Saludo.

13. Cualquiera que sea el origen de una reclamación, el objetivo a alcanzar por el empleado de la Administración es:

a) La prevalencia del criterio de la Administración.
b) La satisfacción del ciudadano.
c) Disminuir la tensión.
d) La rapidez en la gestión.

14. Para disminuir la tensión en el trato con un cliente enfadado es recomendable:

a) Sentirse personalmente afectado, pero evitando la responsabilidad.
b) No entrar en discusión.
c) Dar la impresión de no estar afectados y de que no nos concierne.
d) Hacerse oír, para que el cliente hable lo menos posible.

15. En la atención presencial al ciudadano, se recomienda al empleado público:

a) Mantener una postura distante y fría.
b) Dar una imagen neutra, que no refleje dejadez o desorden de la persona.
c) No mirar a los ojos al interlocutor; mejor mirar al ordenador o a los papeles.
d) Mostrar una imagen natural, desenfadada y poco convencional.

En MADTEST tienes **más preguntas de este tema, comentadas y argumentadas**, y todos tus avances quedan registrados y se reflejan en el ranking.

¡Supera tus límites con MADTEST!

A continuación te presentamos algunos ejemplos de preguntas comentadas:

16. Por su contenido, la información administrativa podrá ser:

a) Particular o general.
b) Abierta o restringida.
c) Individual o colectiva.
d) Común o propia.

Respuesta correcta: a) Particular o general.

Según el artículo 1 del Real Decreto 208/1996, de 9 de febrero, por el que se regulan los servicios de información administrativa y atención al ciudadano, la información administrativa es un cauce adecuado a través del cual los ciudadanos pueden acceder al conocimiento de sus derechos y obligaciones y a la utilización de los bienes y servicios públicos.

La información encomendada a las unidades y oficinas a las que se refiere el capítulo II de este Real Decreto podrá ser general o particular.

17. La información general es aquella que se refiere a los siguientes aspectos excepto uno. Señala cuál:

a) La relativa a la identificación, fines, competencia, estructura, funcionamiento y localización de organismos y unidades administrativas.
b) La concerniente al estado o contenido de los procedimientos en tramitación, y a la identificación de las autoridades y personal al servicio de la Administración General del Estado y de las entidades de derecho público vinculadas o dependientes de la misma bajo cuya responsabilidad se tramiten aquellos procedimientos.
c) La referida a los requisitos jurídicos o técnicos que las disposiciones impongan a los proyectos, actuaciones o solicitudes que los ciudadanos se propongan realizar.
d) La referente a la tramitación de procedimientos, a los servicios públicos y prestaciones, así como a cualesquiera otros datos que aquellos tengan necesidad de conocer en sus relaciones con las Administraciones Públicas, en su conjunto, o con alguno de sus ámbitos de actuación.

Respuesta correcta: b) La concerniente al estado o contenido de los procedimientos en tramitación, y a la identificación de las autoridades y personal al servicio de la Administración General del Estado y de las entidades de derecho público vinculadas o dependientes de la misma bajo cuya responsabilidad se tramiten aquellos procedimientos.

Según el artículo 2.1 del RD 208/1996, la información general es la información administrativa relativa a la identificación, fines, competencia, estructura, funcionamiento y localización de organismos y unidades administrativas; la referida a los requisitos jurídicos o técnicos que las disposiciones impongan a los proyectos, actuaciones o solicitudes que los ciudadanos se propongan realizar; la referente a la tramitación de procedimientos, a los servicios públicos y prestaciones, así como a cualesquiera otros datos que aquellos tengan necesidad de conocer en sus relaciones con las Administraciones públicas, en su conjunto, o con alguno de sus ámbitos de actuación.

18. ¿Qué tipo de información consistirá en facilitar a los interesados o a sus representantes el estado de tramitación en que se encuentra su expediente administrativo y la identidad de las autoridades y el personal bajo cuya responsabilidad se tramitan?

a) Información general.
b) Información funcional.
c) Información especializada.
d) Información particular.

Respuesta correcta: d) Información particular.

Según el artículo 3.1 del RD 208/1996, la información particular es la concerniente al estado o contenido de los procedimientos en tramitación, y a la identificación de las autoridades y personal al servicio de las Administración General del Estado y de las entidades de derecho público vinculadas o dependientes de la misma bajo cuya responsabilidad se tramiten aquellos procedimientos. Esta información solo podrá ser facilitada a las personas que tengan la condición de interesados en cada procedimiento o a sus representantes legales de acuerdo con lo dispuesto en los artículos 4 y 5 de la Ley 39/2015, de 1 de octubre (LPACAP).

19. Ante un cliente inquisitivo que solicita información con mucha meticulosidad, numerosas preguntas y una actitud crítica, el trato del informador público debe basarse en:

a) Permanecer impasible.
b) Presentar argumentos.
c) Tener conocimientos técnicos.
d) Mantenerse firme.

Respuesta correcta: c) Tener conocimientos técnicos.

El trato para este tipo de clientes será:

– Conocimientos técnicos.

– Dar detalles.

– Paciencia.

– No contradecirse.

– Confiarles.

20. Ante un ciudadano excitable y entendido, el encargado de atención al público deberá:

a) No ceder en sus posiciones, defendiéndose con sus mismas armas.
b) No dejarse avasallar, reaccionando con la dureza necesaria.

c) No perder el autocontrol ni enfrentarse a él.
d) Ignorarlo.

Respuesta correcta: c) No perder el autocontrol ni enfrentarse a él.

Excitables	Avasallan, insultan Exigentes Muy susceptibles	Autocontrol Calmarles y escucharles Argumentos objetivos
Entendidos	«Listillos» Creen saber mucho	Prudencia, escucharles No enfrentarse

Solución al test n.º 13

1. c) El código.

2. d) Significado y significante.

3. a) Articulado.

4. c) Monema.

5. b) Encauzarles en el tema.

6. d) Creen saberlo todo.

7. c) La percepción.

8. a) Fiabilidad.

9. c) Comportamiento pasivo-agresivo.

10. a) *Feedback* (retroalimentación)

11. d) Reformulación.

12. c) Negociación.

13. b) La satisfacción del ciudadano.

14. b) No entrar en discusión.

15. b) Dar una imagen neutra, que no refleje dejadez o desorden de la persona.

16. a) Particular o general.

17. b) La concerniente al estado o contenido de los procedimientos en tramitación, y a la identificación de las autoridades y personal al servicio de la Administración General del Estado y de las entidades de derecho público vinculadas o dependientes de la misma bajo cuya responsabilidad se tramiten aquellos procedimientos.

18. d) Información particular.

19. c) Tener conocimientos técnicos.

20. c) No perder el autocontrol ni enfrentarse a él.

Las relaciones de la ciudadanía con la Junta de Andalucía; derechos de información, petición y participación. Medios y canales de relación: servicios de información y atención a los ciudadanos, transparencia y acceso a la información pública. Acceso electrónico de los ciudadanos a los servicios públicos. Las sugerencias y reclamaciones: recepción, registro, tramitación y gestión

1. El objeto de la Ley 1/2014, de 24 de junio, de Transparencia Pública de Andalucía, es:

a) La regulación, en el ámbito de la Comunidad Autónoma de Andalucía, de la transparencia en su doble vertiente de publicidad activa y de derecho de acceso a la información pública, como instrumento para facilitar el conocimiento por la ciudadanía de la actividad de los poderes públicos y de las entidades con financiación pública y privada, promoviendo el ejercicio responsable de dicha actividad y el desarrollo de una conciencia ciudadana y democrática plena.

b) La regulación, en el ámbito de la Comunidad Autónoma de Andalucía, de la transparencia en su doble vertiente de publicidad activa y de derecho de acceso a la información pública, como instrumento para facilitar el conocimiento por la ciudadanía de la actividad de los poderes públicos y de las entidades con financiación pública, promoviendo el ejercicio responsable de dicha actividad y el desarrollo de una conciencia ciudadana y democrática plena, conforme a las reglas imperantes en cada momento.

c) La regulación, en el ámbito de la Comunidad Autónoma de Andalucía, de la transparencia en su doble vertiente de publicidad activa y de derecho de acceso a la información pública, como instrumento para facilitar el conocimiento por la ciudadanía de la actividad de los poderes públicos y de las entidades con financiación pública, promoviendo el ejercicio responsable de dicha actividad y el desarrollo de una conciencia ciudadana y democrática plena.

d) La regulación, en el ámbito de la Comunidad Autónoma de Andalucía, de la transparencia en su triple vertiente de publicidad activa, promoción pública y de derecho de acceso a la información pública, como instrumento para facilitar el conocimiento por la ciudadanía de la actividad de los poderes públicos y de las entidades con financiación pública, promoviendo el ejercicio responsable de dicha actividad y el desarrollo de una conciencia ciudadana y democrática plena.

2. ¿Cuáles son los sistemas de firma electrónica para la actuación administrativa automatizada que establece el RD 203/21?

a) Sello electrónico de Administración Pública, órgano, organismo público o entidad de derecho público y código seguro de identificación vinculado a la Administración Pública, órgano, organismo público o entidad de derecho público.

b) Sello electrónico de Administración Pública, órgano, organismo público o entidad de derecho público y matriz segura de verificación vinculado a la Administración Pública, órgano, organismo público o entidad de derecho público.

c) Sello digital de Administración Pública, órgano, organismo público o entidad de derecho público y código seguro de verificación vinculado a la Administración Pública, órgano, organismo público o entidad de derecho público.

d) Sello electrónico de Administración Pública, órgano, organismo público o entidad de derecho público y código seguro de verificación vinculado a la Administración Pública, órgano, organismo público o entidad de derecho público.

3. En cuanto a las obligaciones contenidas en la Ley 1/2014, de 24 de junio, de Transparencia Pública de Andalucía, las personas que accedan a información pública en aplicación de la ley estarán sometidas al cumplimiento de las que allí se contienen. ¿Cuál no es una de ellas?

a) Ejercer su derecho con respeto a los principios de buena fe e interdicción del abuso de derecho.

b) Realizar el acceso a la información de forma que no se vea afectada la eficacia del funcionamiento de los servicios públicos, concretándose lo más precisamente posible la petición. A estos efectos la Administración colaborará con la persona solicitante en los términos previstos en el artículo 31.

c) Respetar las obligaciones establecidas en la normativa básica para la no reutilización de la información obtenida.

d) Cumplir las condiciones y requisitos materiales para el acceso que se hayan señalado en la correspondiente resolución cuando el acceso se realice de forma presencial en un archivo o dependencia pública.

4. Como regla general, la información administrativa particular en el ámbito de la Administración de la Junta de Andalucía se atribuye a:

a) Las jefaturas de sección u órganos asimilados con responsabilidades en la materia o el procedimiento.

b) Las unidades de información que existan en cada centro o dependencia administrativa.

c) Las respectivas jefaturas de servicio.

d) Las jefaturas de sección y de servicio, u oficinas de información, de forma indistinta.

5. No es un principio básico de la Ley 1/2014, de 24 de junio, de Transparencia Pública de Andalucía:

a) El principio de transparencia, en cuya virtud toda la información pública es en principio accesible y sólo puede ser retenida para proteger otros derechos e intereses legítimos de acuerdo con la Ley.

b) El principio de libre acceso a la información pública, en cuya virtud cualquier persona puede solicitar el acceso a la información pública.

c) El principio de responsabilidad, en cuya virtud las entidades sujetas a lo dispuesto en la ley son responsables del cumplimiento de sus prescripciones.

d) El principio de discriminación tecnológica, en cuya virtud las entidades sujetas al ámbito de aplicación de la ley habrán de arbitrar los medios necesarios para hacer efectiva la transparencia, con independencia del medio de acceso a la información.

6. Indica dónde se ubica el Libro de Sugerencias y Reclamaciones en el ámbito de la Junta de Andalucía:

a) En los registros generales de entrada o salida de documentos de las Consejerías y sus Delegaciones Territoriales.

b) En los registros generales de entrada o salida de documentos de las Consejerías y sus Delegaciones Territoriales, y en las agencias vinculadas o dependientes de aquellas.

c) En los registros generales de entrada de documentos de las Consejerías y sus Delegaciones Territoriales.

d) Ninguna respuesta es correcta.

7. El RD 203/21 determina una serie de sistemas para la identificación electrónica de las administraciones públicas. Indica el incorrecto:

a) Sistemas de firma electrónica para la actuación administrativa automatizada.

b) Intercambio electrónico de datos en entornos cerrados de comunicación, conforme a lo específicamente acordado entre las partes.

c) Sello electrónico basado en un certificado electrónico cualificado y que no reúna los requisitos exigidos por la legislación de firma electrónica.

d) Firma electrónica del personal al servicio de las Administraciones Públicas.

8. El Registro de Entrada y Salida unificado para toda la Junta de Andalucía se denomina:

a) TREWA
b) @RCHIVA
c) COMPULS@
d) @RIES

9. Indica si en el ámbito de la Administración de la Junta de Andalucía los ciudadanos tiene derecho a la devolución de los documentos originales obrantes en los expedientes:

a) Sí, en todo caso.

b) Sí, salvo las excepciones previstas en la Ley.

c) Sí, salvo que los documentos originales deban obrar en el expediente.

d) No, salvo que se trate de documentos públicos o privados susceptibles de ser utilizados en otros expedientes.

10. En el ámbito de los servicios centrales de la Consejería de Cultura y Deporte, las denuncias cursadas por los ciudadanos que constituyan una reiteración de otra cursada con anterioridad, podrán formularse:

a) No se admite reiterar una denuncia previamente formulada.

b) En los Libros de Sugerencias y Reclamaciones de las Consejerías de Cultura y Deporte y la competente en materia de Hacienda

c) En los Libros de Sugerencias y Reclamaciones de la Delegación del Gobierno de la Junta de Andalucía en Sevilla y de la Consejería de Cultura y Deporte

d) En los Libros de Sugerencias y Reclamaciones de la Delegación Provincial de Cultura y Deporte en Sevilla y de la Consejería competente en materia de Administración Pública.

11. En la Administración de la Junta de Andalucía el Libro de Sugerencias y Reclamaciones se regula principalmente en:

a) El Decreto 262/1988, de 2 de agosto.

b) El Real Decreto 208/1996, de 9 de febrero.

c) La Orden de 2 de junio de 1989.

d) El Decreto 252/1988, de 3 de agosto.

12. ¿Cómo define la Ley 1/2014, de 24 de junio, de Transparencia Pública de Andalucía, el acceso a la información pública?

a) La posibilidad de acceder a la información pública que obre en poder de las entidades sujetas al ámbito de la ley con seguridad sobre su veracidad y sin más requisitos que los establecidos en la misma y en la normativa básica estatal.

b) La obligación de las personas y entidades a las que hacen referencia los artículos 3 y 5 de la Ley de hacer pública por propia iniciativa, la información pública de relevancia que garantice la transparencia de su actividad relacionada con el funcionamiento y control de su actuación pública.

c) Los contenidos o documentos, cualquiera que sea su formato o soporte, que obren en poder de alguna de las personas y entidades incluidas en el título I de la Ley y que hayan sido elaborados o adquiridos en el ejercicio de sus funciones.

d) La dirección electrónica disponible a través de redes de telecomunicaciones cuya titularidad, gestión y administración corresponde a la Administración de la Junta de Andalucía, que tiene por objeto poner a disposición de la ciudadanía toda clase de servicios e informaciones relacionadas con la Comunidad Autónoma de Andalucía de manera totalmente gratuita, de acuerdo con lo dispuesto en la normativa reguladora de la información y atención a la ciudadanía y la tramitación de procedimientos administrativos por medios electrónicos.

13. Respecto a la Sede electrónica general de la Administración de la Junta de Andalucía, además de los contenidos y servicios mínimos como sede electrónica que acabamos de ver, se podrán encontrar todos los procedimientos administrativos, así como los servicios de administración electrónica dirigidos a la ciudadanía en la Administración de la Junta de Andalucía y, en particular, los siguientes accesos:

a) A la relación de unidades electrónicas creadas por la Administración de la Junta de Andalucía.

b) Al directorio geográfico de oficinas de asistencia en materia de registros de la Administración de la Junta de Andalucía.

c) Al Registro electrónico de bastanteos.

d) A la pasarela de pagos digitales.

14. En el ámbito de los servicios periféricos de la Administración andaluza, las personas titulares de la Inspección Provincial de Servicios, una vez formuladas por los ciudadanos las denuncias en el Libro de Sugerencias y Reclamaciones de las Delegaciones del Gobierno, deberán:

a) Remitir el original de la denuncia a la dependencia afectada y archivar la copia de la denuncia para la Inspección.

b) Remitir el original de la denuncia a los servicios centrales de la Consejería.

c) Remitir el original de la denuncia a la Inspección.

d) Ninguna respuesta es correcta.

15. El Manual y herramientas para simplificación de procedimientos y agilización de trámites de la Junta de Andalucía:

a) Constituirá la guía de orientación para facilitar el análisis, diagnóstico y mejora de los procedimientos administrativos, de acuerdo con los criterios del artículo 6 del decreto 622/19.

b) Será aprobado mediante orden de la Consejería competente en materia de administración pública, quien también elaborará y mantendrá actualizadas otras herramientas para la simplificación de procedimientos administrativos y agilización de trámites, como guías de orientación para facilitar a los órganos directivos el análisis, diagnóstico y mejora de los procedimientos administrativos, y la elaboración de disposiciones generales que regulen nuevos procedimientos o modifiquen los ya existentes.

c) Las dos respuestas anteriores son correctas.

d) Ninguna de las respuestas anteriores es correcta.

En MADTEST tienes **más preguntas de este tema, comentadas y argumentadas**, y todos tus avances quedan registrados y se reflejan en el ranking.

¡Supera tus límites con MADTEST!

A continuación te presentamos algunos ejemplos de preguntas comentadas:

16. Los Inspectores e Inspectoras Generales de Servicios de la Junta de Andalucía dependen de:

a) La Dirección General de Recursos Humanos y Función Pública.
b) El Consejo de Gobierno.
c) Los Delegados del Gobierno de la Junta de Andalucía.
d) La Secretaría General para la Administración Pública.

Respuesta correcta: d) La Secretaría General para la Administración Pública.

El Reglamento de la Inspección General de Servicios de la Junta de Andalucía se aprobó por el Decreto 601/2019, de 3 de diciembre, por el que se regula la organización y funcionamiento de la Inspección General de Servicios de la Junta de Andalucía. Decreto 164/2022, de 9 de agosto, por el que se establece la estructura orgánica de la Consejería de Justicia, Administración Local y Función Pública, determina que dependerá orgánica y funcionalmente de la Secretaría General para la Administración Pública y que desempeñará las funciones atribuidas por el propio reglamento.

17. La información administrativa facilitada a los ciudadanos en el ámbito de actuación de la Administración de la Junta de Andalucía:

a) Podrá originar derechos y expectativas de derechos.
b) Será clara y sucinta.
c) No siempre tendrá carácter ilustrativo.
d) Podrá lesionar derechos o intereses de terceras personas.

Respuesta correcta: b) Será clara y sucinta.

Por su parte, la información administrativa particular es aquella que posibilita el ejercicio de derechos e intereses legítimos concretos de los ciudadanos, abarcando las siguientes facetas:

– Información sobre los aspectos jurídicos o técnicos que deberán reunir las iniciativas que los ciudadanos se propongan realizar ante la Administración.

– Conocimiento del estado de tramitación de los procedimientos en los que tengan la condición de interesados.

- La identificación de las autoridades y de personal bajo cuya responsabilidad se tramitar los procedimientos conforme a la normativa legal y reglamentaria.

Las características de la información administrativa se detallan en el artículo 4 del Decreto 204/1995, especificándose las siguientes:

- Será clara y sucinta.

- Se suministrará por el medio más claro para su comprensión, utilizándose la forma y los medios previstos en la ley o reglamentos.

- Tendrá exclusivamente carácter ilustrativo.

- Tratará sobre el ordenamiento jurídico vigente o sobre hechos o situaciones producidas.

- No originará derechos ni expectativas de derechos.

- No podrá lesionar directa o indirectamente derechos o intereses de los solicitantes, de los interesados, de terceras personas o de la Administración Pública.

18. Indica ante qué tipo de información estamos cuando se posibilita el ejercicio de derechos e intereses legítimos concretos de los ciudadanos:

a) Ante la recepción de quejas.
b) Ante la información administrativa particular.
c) Ante la tramitación de procedimientos.
d) Ante la información sectorial.

Respuesta correcta: b) Ante la información administrativa particular.

Por su parte, la información administrativa particular es aquella que posibilita el ejercicio de derechos e intereses legítimos concretos de los ciudadanos, abarcando las siguientes facetas:

- Información sobre los aspectos jurídicos o técnicos que deberán reunir las iniciativas que los ciudadanos se propongan realizar ante la Administración.

- Conocimiento del estado de tramitación de los procedimientos en los que tengan la condición de interesados.

- La identificación de las autoridades y de personal bajo cuya responsabilidad se tramitar los procedimientos conforme a la normativa legal y reglamentaria.

Las características de la información administrativa se detallan en el artículo 4 del Decreto 204/1995, especificándose las siguientes:

- Será clara y sucinta.

- Se suministrará por el medio más claro para su comprensión, utilizándose la forma y los medios previstos en la ley o reglamentos.

- Tendrá exclusivamente carácter ilustrativo.

- Tratará sobre el ordenamiento jurídico vigente o sobre hechos o situaciones producidas.

- No originará derechos ni expectativas de derechos.

- No podrá lesionar directa o indirectamente derechos o intereses de los solicitantes, de los interesados, de terceras personas o de la Administración Pública.

19. El sistema de identificación común de las autoridades y del personal al servicio de la Junta de Andalucía se regula en:

a) La Resolución de 7 de junio de 1993.
b) La Ley 6/1983, de 21 de julio, del Gobierno y Administración de la Comunidad Autónoma de Andalucía.
c) El Decreto 204/1995, de 29 de agosto.
d) La Resolución de 15 de mayo de 1993.

Respuesta correcta: a) La Resolución de 7 de junio de 1993.

En el ámbito de la Comunidad Autónoma de Andalucía, la Resolución de 7 de junio de 1993, dictada por la Secretaría General para la Administración Pública, adscrita a la Consejería competente en materia de función pública, definió el sistema de identificación común de las autoridades y del personal al servicio de la Junta de Andalucía, extendiéndose su ámbito de aplicación a:

- La Administración Autonómica y sus agencias administrativas.

- Las agencias públicas empresariales cuando ejerzan potestades administrativas.

20. El Registro de Procedimientos y Servicios de la Junta de Andalucía no tiene uno de los fines siguientes:

a) Identificar todos los procedimientos administrativos y servicios existentes mediante un código específico.
b) Homogeneizar la información correspondiente a cada procedimiento administrativo y servicio.
c) Articular el cumplimiento de las exigencias de publicidad de la información sobre procedimientos y servicios.
d) Facilitar la gestión administrativa de los procedimientos administrativos, servicios y comunicaciones ciudadanas.

Respuesta correcta: d) Facilitar la gestión administrativa de los procedimientos administrativos, servicios y comunicaciones ciudadanas.

El Registro de Procedimientos y Servicios tiene los fines siguientes:

a) Identificar todos los procedimientos administrativos y servicios existentes mediante un código específico.

b) Homogeneizar la información correspondiente a cada procedimiento administrativo y servicio.

c) Articular el cumplimiento de las exigencias de publicidad de la información sobre procedimientos y servicios.

d) Facilitar la gestión administrativa de los procedimientos administrativos y servicios.

Solución al test n.º 14

1. c) La regulación, en el ámbito de la Comunidad Autónoma de Andalucía, de la transparencia en su doble vertiente de publicidad activa y de derecho de acceso a la información pública, como instrumento para facilitar el conocimiento por la ciudadanía de la actividad de los poderes públicos y de las entidades con financiación pública, promoviendo el ejercicio responsable de dicha actividad y el desarrollo de una conciencia ciudadana y democrática plena.

2. d) Sello electrónico de Administración Pública, órgano, organismo público o entidad de derecho público y código seguro de verificación vinculado a la Administración Pública, órgano, organismo público o entidad de derecho público.

3. c) Respetar las obligaciones establecidas en la normativa básica para la no reutilización de la información obtenida.

4. a) Las jefaturas de sección u órganos asimilados con responsabilidades en la materia o el procedimiento.

5. d) El principio de discriminación tecnológica, en cuya virtud las entidades sujetas al ámbito de aplicación de la ley habrán de arbitrar los medios necesarios para hacer efectiva la transparencia, con independencia del medio de acceso a la información.

6. b) En los registros generales de entrada o salida de documentos de las Consejerías y sus Delegaciones Territoriales, y en las agencias vinculadas o dependientes de aquellas.

7. c) Sello electrónico basado en un certificado electrónico cualificado y que no reúna los requisitos exigidos por la legislación de firma electrónica.

8. d) @RIES

9. c) Sí, salvo que los documentos originales deban obrar en el expediente.

10. d) En los Libros de Sugerencias y Reclamaciones de la Delegación Provincial de Cultura y Deporte en Sevilla y de la Consejería competente en materia de Administración Pública.

11. a) El Decreto 262/1988, de 2 de agosto.

12. a) La posibilidad de acceder a la información pública que obre en poder de las entidades sujetas al ámbito de la ley con seguridad sobre su veracidad y sin más requisitos que los establecidos en la misma y en la normativa básica estatal.

13. b) Al directorio geográfico de oficinas de asistencia en materia de registros de la Administración de la Junta de Andalucía.

14. a) Remitir el original de la denuncia a la dependencia afectada y archivar la copia de la denuncia para la Inspección.

15. c) Las dos respuestas anteriores son correctas.

16. d) La Secretaría General para la Administración Pública.

17. b) Será clara y sucinta.

18. b) Ante la información administrativa particular.

19. a) La Resolución de 7 de junio de 1993.

20. d) Facilitar la gestión administrativa de los procedimientos administrativos, servicios y comunicaciones ciudadanas.

TEST N.º 15

Documentos de la Administración de la Junta de Andalucía. Tipos, identidad e imagen corporativa en diseño y composición de textos, recomendaciones de estilo y uso no sexista del lenguaje administrativo. Documentos de los ciudadanos: tipos

1. ¿Qué norma regula el actual Manual de Diseño Gráfico en la Junta de Andalucía?

a) El Decreto 11/2020, de 3 de febrero.
b) El Decreto-Ley 11/2020, de 3 de febrero.
c) La Ley 11/2020, de 3 de febrero.
d) Ninguna de las anteriores es correcta.

2. Las autoridades y el personal al servicio de la Administración de la Junta de Andalucía podrán utilizar los siguientes sistemas de firma electrónica:

a) Firma electrónica basada en la firma electrónica de personal al servicio de la Administración de la Junta de Andalucía.
b) Firma electrónica basada en el certificado electrónico proporcionado con carácter particular a la ciudadanía.
c) Sistemas de firma electrónica del Documento Nacional de Identidad.
d) El sistema de firma a que se refiere el artículo 25 del Decreto 623/19.

3. Indica el informe que deberán tener en cuenta los proyectos de ley y reglamentos cuya aprobación corresponda al Consejo de Gobierno:

a) El informe de evaluación de impacto ambiental.
b) El informe de evaluación de impacto de género.
c) El informe de evaluación de impacto económico.
d) El informe de evaluación de impacto político.

4. Indica en qué casos la publicación de un acto administrativo sustituye a la notificación personal:

a) Cuando el acto tenga por destinatario a una pluralidad indeterminada de personas.
b) Cuando la Administración estime que la notificación efectuada a un solo interesado sea insuficiente para garantizar la notificación a todos.

c) Cuando se trate de actos integrantes de un procedimiento selectivo o de una concurrencia competitiva.

d) Las respuestas a) y c) son correctas.

5. En el registro electrónico de apoderamientos de la Junta de Andalucía se pueden inscribir (señala la incorrecta):

a) Las personas funcionarias que podrán ser habilitadas para analizar e inscribir, en su caso, los apoderamientos y bastanteos de poderes.

b) Los modelos de poderes inscribibles en el Registro cuando se circunscriban a actuaciones a realizar ante la Administración de la Junta de Andalucía.

c) Los apoderamientos o representaciones otorgadas por las personas a terceras personas para actuar en su nombre.

d) Los formularios de apoderamientos «apud acta» y de solicitudes de habilitación general que no resulten precisos para el adecuado funcionamiento del Registro.

6. En sus relaciones con la Administración Pública, indica cuál de los relacionados es un documento de los ciudadanos:

a) Resolución.

b) Recurso de revisión.

c) Certificado de acto presunto.

d) Ninguna de las respuestas anteriores es correcta

7. En cuanto a la firma electrónica en la Junta de Andalucía, indica cuál de las siguientes no es correcta en cuanto a que se ha de requerir para acreditar la autenticidad de la expresión de la voluntad y consentimiento de la persona:

a) La verificación previa por parte de la persona de los datos a firmar. Estos datos se obtendrán a partir de aquella información presentada por la persona interesada y de cuya veracidad se hace responsable, así como de los documentos electrónicos que, eventualmente, presente en el procedimiento.

b) El asiento registral de entrada correspondiente a documentos presentados por la ciudadanía firmados mediante estos sistemas.

c) La acción explícita por parte de la persona interesada de manifestación de consentimiento y expresión de su voluntad de firma.

d) La autenticación de la persona interesada, inmediatamente previa a la firma.

8. En la Junta de Andalucía, ¿qué norma regula la administración electrónica, simplificación de procedimientos y racionalización organizativa?

a) El Decreto 622/2019, de 26 de diciembre.

b) El Decreto 622/2020, de 27 de diciembre.

c) El Decreto 622/2019, de 27 de diciembre.

d) El Decreto 623/2019, de 27 de diciembre.

9. En el ámbito de la Junta de Andalucía, indica la disposición que regula los criterios de normalización de formularios y papel impreso:

a) Orden de 1 de diciembre de 1994.
b) Orden de 28 de julio de 1989.
c) Orden de 12 de febrero de 1992.
d) Orden de 12 de septiembre de 1988.

10. Indica la norma reguladora de las bases generales para eliminar el lenguaje sexista en los textos y documentos administrativos en el ámbito de la Junta de Andalucía:

a) Orden de 15 de febrero de 1994.
b) Orden conjunta de 24 de noviembre de 1992.
c) Decreto 204/1995, de 29 de agosto.
d) Orden de 1 de diciembre de 1995.

En MADTEST tienes **más preguntas de este tema, comentadas y argumentadas**, y todos tus avances quedan registrados y se reflejan en el ranking.

¡Supera tus límites con MADTEST!

A continuación te presentamos algunos ejemplos de preguntas comentadas:

11. Indica a quién se atribuye el control del sello de registro de documentos en los servicios centrales de la Consejería de Cultura y Deporte:

a) Al Secretario General.
b) Al órgano con funciones de administración general.
c) Al titular del órgano que lo tenga asignado para su utilización.
d) Al Secretario General Técnico.

Respuesta correcta: d) Al Secretario General Técnico.

La Orden de 1 de diciembre de 1995 tiene un artículo, el 7 analiza esta materia de la siguiente forma:

a) Mientras que la custodia de cada sello corresponderá al titular del órgano que lo tenga asignado para su utilización, el control de los sellos se atribuye a:

– En los Servicios Centrales de las Consejerías y de los Organismos Autónomos, a las Secretarías Generales Técnicas y a las Secretarías Generales, respectivamente.

– En las Delegaciones Provinciales y en las Gerencias Provinciales, a las Secretarías Generales.

– En aquellas dependencias que no existan órganos de control la ejercerá el órgano que tenga encomendada las funciones de administración general.

b) Los órganos de control de los sellos de cada dependencia llevarán un inventario de los existentes con mención del nombre y apellidos de los funcionarios encargados de su custodia.

c) Si las necesidades administrativas exigieran disponer en una dependencia de más de un sello del mismo tipo, se le asignará e inscribirá en la parte imprimible de cada sello un número distinto comenzando por el 1 y hasta el total de los que disponga de ese tipo.

12. Para ser considerados válidos, los documentos electrónicos administrativos deberán, entre otros requisitos:

a) Contener información de cualquier naturaleza archivada en un soporte electrónico según un formato determinado susceptible de identificación y tratamiento diferenciado.
b) Disponer de los datos de identificación que permitan su individualización, sin perjuicio de su posible incorporación a un expediente electrónico.
c) Incorporar una referencia temporal del momento en que han sido emitidos.
d) Las tres respuestas anteriores son correctas.

Respuesta correcta: d) Las tres respuestas anteriores son correctas.

Para ser considerados válidos, los documentos electrónicos administrativos deberán:

a) Contener información de cualquier naturaleza archivada en un soporte electrónico según un formato determinado susceptible de identificación y tratamiento diferenciado.

b) Disponer de los datos de identificación que permitan su individualización, sin perjuicio de su posible incorporación a un expediente electrónico.

c) Incorporar una referencia temporal del momento en que han sido emitidos.

d) Incorporar los metadatos mínimos exigidos.

e) Incorporar las firmas electrónicas que correspondan de acuerdo con lo previsto en la normativa aplicable.

13. Indica a quién se atribuye en el ámbito de actuación de la Administración General de la Junta de Andalucía el control de los sellos normalizados:

a) A las Secretarías Generales Técnicas de los servicios centrales de las Consejerías.
b) A las Secretarías Generales de las Delegaciones Territoriales.
c) A las Secretarías Generales de los servicios centrales de los Entes Instrumentales.
d) Todas las respuestas son correctas.

Respuesta correcta: d) Todas las respuestas son correctas.

La Orden de 1 de diciembre de 1995 tiene un artículo, el 7 analiza esta materia de la siguiente forma:

a) Mientras que la custodia de cada sello corresponderá al titular del órgano que lo tenga asignado para su utilización, el control de los sellos se atribuye a:

- En los Servicios Centrales de las Consejerías y de los Organismos Autónomos, a las Secretarías Generales Técnicas y a las Secretarías Generales, respectivamente.

- En las Delegaciones Provinciales y en las Gerencias Provinciales, a las Secretarías Generales.

- En aquellas dependencias que no existan órganos de control la ejercerá el órgano que tenga encomendada las funciones de administración general.

b) Los órganos de control de los sellos de cada dependencia llevarán un inventario de los existentes con mención del nombre y apellidos de los funcionarios encargados de su custodia.

c) Si las necesidades administrativas exigieran disponer en una dependencia de más de un sello del mismo tipo, se le asignará e inscribirá en la parte imprimible de cada sello un número distinto comenzando por el 1 y hasta el total de los que disponga de ese tipo.

14. Los documentos administrativos deberán redactarse de forma:

a) Confusa.
b) Sencilla.
c) Concisa.
d) Las respuestas b) y c) son correctas.

d) Las respuestas b) y c) son correctas.

Claridad, sencillez y concisión son los atributos de los documentos administrativos en cuanto a su redacción.

15. Indica la respuesta correcta en cuanto a la utilización del sistema Port@firma en el ámbito de la Junta de Andalucía:

a) La firma electrónica reconocida generada a través de Port@firma incluye un código seguro de verificación generado electrónicamente que permite contrastar su integridad y autenticidad accediendo por medios telemáticos al documento archivado en el sistema.

b) La firma electrónica reconocida generada a través de Port@firma tiene, respecto de los datos consignados en forma electrónica, el mismo valor que la firma manuscrita.

c) Los documentos electrónicos emitidos por los órganos y unidades y firmados a través del sistema Port@firma gozarán de la validez y eficacia de documentos originales.
d) Todas las respuestas son correctas.

Respuesta correcta: d) Todas las respuestas son correctas.

Port@firmas es una herramienta destinada a facilitar a los órganos y unidades administrativas de la Junta de Andalucía, el uso de la firma electrónica basada en certificado electrónico reconocido o cualificado de documentos procedentes de diferentes sistemas de información independientes, con la consiguiente agilización de la actividad administrativa. Se trata de una herramienta de usuario final, que se implanta en la Intranet de las Consejerías y entidades (portal interno de cada Consejería o ente instrumental –en su caso– en la cual se tiene acceso a una serie de contenidos especiales además de los generales), y que utiliza los servicios proporcionados por la plataforma @firma de autenticación y firma electrónica. Ello, sin perjuicio de la posible existencia de medios específicos de firma electrónica incorporados en aplicativos en los que por sus características la firma electrónica esté vinculada o en el marco de funcionalidades específicas de gestión y acceso de los documentos e informaciones propias de la gestión administrativa soportada por los mismos y una experiencia de usuario en consecuencia.

La firma electrónica de un documento generada a través de esta herramienta incluye un código seguro de verificación que permite contrastar su integridad y autenticidad accediendo por medios telemáticos al documento firmado.

Solución al test n.º 15

1. a) El Decreto 11/2020, de 3 de febrero.

2. c) Sistemas de firma electrónica del Documento Nacional de Identidad.

3. b) El informe de evaluación de impacto de género.

4. d) Las respuestas a) y c) son correctas.

5. d) Los formularios de apoderamientos «apud acta» y de solicitudes de habilitación general que no resulten precisos para el adecuado funcionamiento del Registro.

6. b) Recurso de revisión.

7. b) El asiento registral de entrada correspondiente a documentos presentados por la ciudadanía firmados mediante estos sistemas.

8. c) El Decreto 622/2019, de 27 de diciembre.

9. b) Orden de 28 de julio de 1989.

10. b) Orden conjunta de 24 de noviembre de 1992.

11. d) Al Secretario General Técnico.

12. d) Las tres respuestas anteriores son correctas.

13. d) Todas las respuestas son correctas.

14. d) Las respuestas b) y c) son correctas.

15. d) Todas las respuestas son correctas.

TEST N.º 16

La gestión de documentos en la Administración de la Junta de Andalucía. Documentos originales y copias. El desglose de los documentos originales y formación de expedientes. Los registros administrativos: presentación y tramitación. La identidad Corporativa

1. Según la Ley 39/2015, de 1 de octubre, del Procedimiento Administrativo Común de las Administraciones Públicas, cuando en virtud de una norma sea preciso remitir el expediente electrónico, se hará de acuerdo con lo previsto en:

a) El Esquema Nacional de Interoperabilidad y en las correspondientes Normas Técnicas de Interoperabilidad, y se enviará completo, foliado, autentificado y acompañado de un índice, asimismo autentificado, de los documentos que contenga. La autenticación del citado índice garantizará la integridad e inmutabilidad del expediente electrónico generado desde el momento de su firma y no permitirá su recuperación siempre que sea preciso, siendo admisible que un mismo documento forme parte de distintos expedientes electrónicos.

b) El Esquema Nacional de Interoperabilidad y en las correspondientes Normas Técnicas de Interoperabilidad, y se enviará completo, foliado, autentificado y acompañado de un índice, asimismo autentificado, de los documentos que contenga. La autenticación del citado índice no garantizará la integridad e inmutabilidad del expediente electrónico generado desde el momento de su firma y permitirá su recuperación siempre que sea preciso, siendo admisible que un mismo documento forme parte de distintos expedientes electrónicos.

c) El Esquema Nacional de Interoperabilidad y en las correspondientes Normas Técnicas de Interoperabilidad, y se enviará incompleto, foliado, autentificado y acompañado de un índice, asimismo autentificado, de los documentos que contenga. La autenticación del citado índice garantizará la integridad e inmutabilidad del expediente electrónico generado desde el momento de su firma y permitirá su recuperación siempre que sea preciso, siendo admisible que un mismo documento forme parte de distintos expedientes electrónicos.

d) El Esquema Nacional de Interoperabilidad y en las correspondientes Normas Técnicas de Interoperabilidad, y se enviará completo, foliado, autentificado y acompañado de un índice, asimismo autentificado, de los documentos que contenga. La autenticación del citado índice garantizará la integridad e inmutabilidad del expediente electrónico generado desde el momento de su firma y permitirá su recuperación siempre que sea preciso, siendo admisible que un mismo documento forme parte de distintos expedientes electrónicos.

2. Indica qué se entiende por desglose de documentos en un expediente:

a) La entrega de documentos originales o copias de documentos que figuran en un expediente, a solicitud del interesado que los aportó.

b) La entrega al interesado de relación completa, que contenga transcripción literal de los documentos que figuran en su expediente.

c) La distribución, en diversas carpetas o cajas de archivo correlativas y ordenadas, de los documentos que obran en un expediente, cuando la gran extensión del mismo así lo aconseje.

d) Todas las respuestas son correctas.

3. La exhibición presencial ante un tercero de un documento disponible en la Carpeta Ciudadana en la Administración de la Junta de Andalucía en el cual se exprese que tiene la consideración de copia electrónica auténtica, en los términos establecidos en el artículo 27 de la Ley 39/2015, de 1 de octubre:

a) Surtirá los mismos efectos que la exhibición presencial del correspondiente documento original.

b) No surtirá los mismos efectos que la exhibición presencial del correspondiente documento original.

c) No está permitida.

d) Surtirá los mismos efectos que la exhibición presencial del correspondiente documento original, siempre que se trate de un procedimiento que se encuentre en vigor.

4. ¿Quién es competente para expedir copias autenticadas de documentos públicos?

a) El Sistema de Información de Recursos Humanos de la Junta de Andalucía (SIRHUS) actuará como sistema de constancia de los funcionarios públicos habilitados para realizar esta función

b) Las Jefaturas de Sección y órganos asimilados responsables de cada registro general de documentos de esta función.

c) Las Jefaturas de Servicio o Secretaría General bajo cuya responsabilidad se gestiona la función de registro general de documentos, en caso de ausencia de las Jefaturas de Sección son los que pueden expedir copias autenticadas.

d) Las respuestas b) y c) son correctas.

5. El desglose de documentos públicos originales en la actuación de la Junta de Andalucía requiere:

a) La solicitud del interesado.

b) La previa aportación al expediente de los documentos por el interesado.

c) La no constancia en el expediente de la copia autenticada de los documentos que se retiran.

d) Las respuestas a) y b) son correctas.

6. Indica cuándo los ciudadanos pueden presentar en el buzón de documentos escritos dirigidos a la Administración de la Junta de Andalucía:

a) En cualquier momento de todos los días hábiles.
b) Una vez que las Oficinas de Registro estén cerradas.
c) Solo hasta las veinticuatro horas de cada día natural.
d) Las respuestas b) y c) son correctas.

7. Indica la respuesta correcta respecto a los documentos electrónicos que se reciban y transmitan a través del Registro telemático único en el ámbito de la Administración de la Junta de Andalucía:

a) Serán archivados y custodiados en medios o soportes documentales o electrónicos por los responsables de la gestión de los servidores de dicho Registro.
b) Serán archivados y custodiados en medios o soportes magnéticos por los responsables de la gestión de los servidores de dicho Registro.
c) Serán archivados y custodiados en cualesquiera medios o soportes por los responsables de la gestión de los servidores de dicho Registro.
d) Serán archivados y custodiados en medios o soportes electrónicos por los responsables de la gestión de los servidores de dicho Registro.

8. Indica si el derecho de acceso a archivos y registros, en la regulación prevista en la Ley 39/2015, de 1 de octubre, del Procedimiento Administrativo Común de las Administraciones Públicas, conlleva el de obtener copias o certificados cuyo examen sea autorizado por la Administración Pública:

a) No.
b) Sí, previo pago, en su caso, de las exacciones que se hallen legalmente previstas.
c) Sí, previo pago obligatorio de las exacciones previstas.
d) Sí, no estando prevista el pago de ninguna exacción.

9. Indica la fecha con que serán registrados los escritos depositados por medio del buzón de documentos en el ámbito de la Administración de la Junta de Andalucía:

a) Al día en que se levante la respectiva acta.
b) Al día en que fueron depositados.
c) Al día inmediatamente siguiente, sea o no hábil.
d) Al día siguiente al de su depósito.

10. Indica el instrumento previsto en la Ley 39/2015, de 1 de octubre, del Procedimiento Administrativo Común de las Administraciones Públicas, para establecer entre las distintas Administraciones Públicas sistemas de intercomunicación y coordinación de registros que garanticen su compatibilidad informática:

a) Los convenios de conferencia sectorial.
b) Los convenios de colaboración.

c) Los consorcios.

d) Las comunicaciones.

11. En el ámbito de la Comunidad Autónoma de Andalucía, los ciudadanos podrán presentar sus escritos en los buzones de documentos:

a) Desde el cierre de las oficinas de registro hasta las 24 horas de todos los días.

b) Desde el cierre de las oficinas de registro hasta las 12 horas de cada día.

c) Desde el cierre de las oficinas de registro hasta las 24 horas de todos los días hábiles.

d) Hasta las 24 horas de todos los días hábiles.

12. Siempre que las copias objeto de compulsa ofrezcan dudas sobre su correspondencia con el original, los órganos competentes para practicar la diligencia de compulsa, en el ámbito de la Comunidad Autónoma de Andalucía, deberán:

a) Abstenerse de practicar la diligencia de compulsa.

b) Practicar la diligencia de compulsa, si bien condicionada a que se presente el original.

c) A remitir las actuaciones al Ministerio Fiscal, previa compulsa del documento.

d) Ponerlo en conocimiento del superior jerárquico, pudiendo abstenerse de practicar la compulsa.

13. Indica si la investigación de los delitos constituye una materia limitada del acceso de los ciudadanos a los archivos y registros administrativos:

a) Sí.

b) Solamente si el delito es muy grave.

c) Depende del contenido.

d) No, está exceptuada.

14. Indica qué expedientes no están exceptuados del ejercicio del derecho de acceso a archivos y registros administrativos:

a) Los relativos a materias protegidas por el secreto comercial.

b) Los relativos a materias administrativas derivadas de la política monetaria.

c) Los que contengan información sobre las actuaciones del Consejo de Gobierno de la Junta de Andalucía en el ejercicio de sus competencias constitucionales no sometidas al Derecho Administrativo.

d) Ninguna respuesta es correcta.

15. Según el Manual de Diseño Gráfico, la tipografía de una Comunicación Interior es la siguiente:

a) Título: Source Sans Pro Bold 12 pt; datos: Source Sans Pro 10,5 pt; grosor de líneas: 0,5 pt; papel: A4 (210x297 mm); impresión: CMYK

b) Remitente: Source Sans Pro 9 pt; cuerpo de texto: Source Sans Pro 10,5 pt; datos: Source Sans Pro 8 pt; papel:A4 (210x297 mm); impresión:CMYK

c) Título: Source Sans Pro Bold 12 pt; datos: Source Sans Pro 10,5 pt; grosor de líneas: 0,5 pt; papel: A4 (210x297 mm); impresión: CMYK

d) Remitente: Source Sans Pro 7 pt; cuerpo de texto: Source Sans Pro 10,5 pt; datos: Source Sans Pro 8 pt; papel:A4 (210x297 mm); impresión:CMYK

En MADTEST tienes **más preguntas de este tema, comentadas y argumentadas**, y todos tus avances quedan registrados y se reflejan en el ranking.

¡Supera tus límites con MADTEST!

A continuación te presentamos algunos ejemplos de preguntas comentadas:

16. Indica si el derecho de acceso del ciudadano a los archivos y registros administrativos es un derecho reconocido en la Ley 39/2015, de 1 de octubre, del Procedimiento Administrativo Común de las Administraciones Públicas:

a) No.

b) Sí.

c) Sí, estando desarrollado en el artículo 16 de la Ley 39/2015, de 1 de octubre, del Procedimiento Administrativo Común de las Administraciones Públicas.

d) No, se reconoce en el artículo 37 de la Ley 39/2015, de 1 de octubre, del Procedimiento Administrativo Común de las Administraciones Públicas.

Respuesta correcta: c) Sí, estando desarrollado en el artículo 16 de la Ley 39/2015, de 1 de octubre, del Procedimiento Administrativo Común de las Administraciones Públicas.

El art. 16 de la LPACAP es el que realiza esta regulación, mencionada en el art. 13.d) de la misma ley, poniendo un especial énfasis en el registro electrónico con la obligación de disponer de un Registro Electrónico General.

Cada Administración ha de disponer de un Registro Electrónico General, en el que se hará el correspondiente asiento de todo documento que sea presentado o que se reciba en cualquier órgano administrativo, Organismo público o Entidad vinculado o dependiente de estos. También se podrán anotar en el mismo la salida de los documentos oficiales dirigidos a otros órganos o particulares.

17. En el ámbito de la Comunidad Autónoma de Andalucía, las copias de documentos pueden ser:

a) Auténticas de documentos administrativos.

b) Auténticas de documentos públicos y privados.

c) Autenticadas de documentos privados y públicos.

d) Las respuestas a) y c) son correctas.

Respuesta correcta: d) Las respuestas a) y c) son correctas.

Dos son los tipos de copias:

a) Las copias auténticas de documentos administrativos expedidos por el mismo órgano que emitió el documento original.

b) Las copias autenticadas de documentos privados y públicos, mediante cotejo con el original y en las que se estampará, si procediera, la correspondiente diligencia de compulsa.

18. Indica a quién se atribuye la competencia, en cumplimiento de la Ley 39/2015, de 1 de octubre, del Procedimiento Administrativo Común de las Administraciones Públicas para expedir copias auténticas de documentos públicos o privados:

a) A la Administración General del Estado.

b) A todas las Administraciones Públicas.

c) A las Administraciones de las Comunidades Autónomas.

d) A la Administración General del Estado y a las Administraciones Autonómicas.

Respuesta correcta: b) A todas las Administraciones Públicas.

Artículo 27 de la LPACAP:

"1. Cada Administración Pública determinará los órganos que tengan atribuidas las competencias de expedición de copias auténticas de los documentos públicos administrativos o privados.

Las copias auténticas de documentos privados surten únicamente efectos administrativos. Las copias auténticas realizadas por una Administración Pública tendrán validez en las restantes Administraciones.

A estos efectos, la Administración General del Estado, las Comunidades Autónomas y las Entidades Locales podrán realizar copias auténticas mediante funcionario habilitado o mediante actuación administrativa automatizada.

Se deberá mantener actualizado un registro, u otro sistema equivalente, donde constarán los funcionarios habilitados para la expedición de copias auténticas que deberán ser plenamente interoperables y estar interconectados con los de las restantes Administraciones Públicas, a los efectos de comprobar la validez de la citada habilitación. En este registro o sistema equivalente constarán, al menos, los funcionarios que presten servicios en las oficinas de asistencia en materia de registros.

2. Tendrán la consideración de copia auténtica de un documento público administrativo o privado las realizadas, cualquiera que sea su soporte, por los órganos competentes de las Administraciones Públicas en las que quede garantizada la identidad del órgano que ha realizado la copia y su contenido.

Las copias auténticas tendrán la misma validez y eficacia que los documentos originales".

19. Indica qué trámite previo deberán cumplir los particulares para ejercer el derecho de acceso a archivos y registros en la Administración de la Junta de Andalucía:

a) Formular una petición individualizada de los documentos que vayan a consultarse.
b) Pagar las exacciones que estén previstas.
c) Formular una solicitud genérica sobre una materia o un conjunto de materias.
d) Formular una solicitud para obtener copias o certificados de los documentos cuyo examen sea autorizado por la Administración Pública.

Respuesta correcta: a) Formular una petición individualizada de los documentos que vayan a consultarse.

De acuerdo con lo previsto en el artículo 53.1.a) de la LPACAP, el derecho de acceso de las personas interesadas que se relacionen electrónicamente con las Administraciones Públicas al expediente electrónico y, en su caso, a la obtención de copia total o parcial del mismo, se entenderá satisfecho mediante la puesta a disposición de dicho expediente en el Punto de Acceso General electrónico de la Administración competente o en la sede electrónica o sede electrónica asociada que corresponda.

A tal efecto, la Administración destinataria de la solicitud remitirá al interesado o, en su caso a su representante, la dirección electrónica o localizador que dé acceso al expediente electrónico puesto a disposición, garantizando aquella el acceso durante el tiempo que determine la correspondiente política de gestión de documentos electrónicos siempre de acuerdo con el dictamen de valoración emitido por la autoridad calificadora correspondiente, y el cumplimiento de la normativa aplicable en materia de protección de datos de carácter personal y de transparencia y acceso a la información pública y de patrimonio documental, histórico y cultural.

20. En cuanto al escudo simplificado según el Manual de Diseño Gráfico:

a) Se ha rediseñado siendo una imagen actualizada del modelo anterior. Se ha desarrollado un símbolo mucho más lineal, con una revisión de la estructura y los tamaños para aportar una mayor estabilidad visual al conjunto.
b) Se ha simplificado siendo una imagen actualizada del modelo anterior. Se ha desarrollado un símbolo mucho más geométrico, con una revisión de la estructura y los tamaños para aportar una mayor estabilidad visual al conjunto.
c) Se ha rediseñado siendo una imagen actualizada del modelo anterior. Se ha desarrollado un símbolo mucho más geométrico, con una revisión de la estructura y los tamaños para aportar una mayor estabilidad visual al conjunto.
d) Se ha rediseñado siendo una imagen actualizada del modelo anterior. Se ha desarrollado un símbolo mucho más geométrico, con una revisión de la estructura y los tamaños para aportar una mejor estabilidad visual al conjunto.

Respuesta correcta: c) Se ha rediseñado siendo una imagen actualizada del modelo anterior. Se ha desarrollado un símbolo mucho más geométrico, con una revisión de la estructura y los tamaños para aportar una mayor estabilidad visual al conjunto.

Solución al test n.º 16

1. d) El Esquema Nacional de Interoperabilidad y en las correspondientes Normas Técnicas de Interoperabilidad, y se enviará completo, foliado, autentificado y acompañado de un índice, asimismo autentificado, de los documentos que contenga. La autenticación del citado índice garantizará la integridad e inmutabilidad del expediente electrónico generado desde el momento de su firma y permitirá su recuperación siempre que sea preciso, siendo admisible que un mismo documento forme parte de distintos expedientes electrónicos.

2. a) La entrega de documentos originales o copias de documentos que figuran en un expediente, a solicitud del interesado que los aportó.

3. a) Surtirá los mismos efectos que la exhibición presencial del correspondiente documento original.

4. a) El Sistema de Información de Recursos Humanos de la Junta de Andalucía (SIRHUS) actuará como sistema de constancia de los funcionarios públicos habilitados para realizar esta función

5. d) Las respuestas a) y b) son correctas.

6. b) Una vez que las Oficinas de Registro estén cerradas.

7. d) Serán archivados y custodiados en medios o soportes electrónicos por los responsables de la gestión de los servidores de dicho Registro.

8. b) Sí, previo pago, en su caso, de las exacciones que se hallen legalmente previstas.

9. b) Al día en que fueron depositados.

10. b) Los convenios de colaboración.

11. c) Desde el cierre de las oficinas de registro hasta las 24 horas de todos los días hábiles.

12. a) Abstenerse de practicar la diligencia de compulsa.

13. d) No, está exceptuada.

14. d) Ninguna respuesta es correcta.

15. a) Título: Source Sans Pro Bold 12 pt; datos: Source Sans Pro 10,5 pt; grosor de líneas: 0,5 pt; papel: A4 (210x297 mm); impresión: CMYK

16. c) Sí, estando desarrollado en el artículo 16 de la Ley 39/2015, de 1 de octubre, del Procedimiento Administrativo Común de las Administraciones Públicas.

17. d) Las respuestas a) y c) son correctas.

18. b) A todas las Administraciones Públicas.

19. a) Formular una petición individualizada de los documentos que vayan a consultarse.

20. c) Se ha rediseñado siendo una imagen actualizada del modelo anterior. Se ha desarrollado un símbolo mucho más geométrico, con una revisión de la estructura y los tamaños para aportar una mayor estabilidad visual al conjunto.

TEST N.º 17

El archivo. Concepto. Tipos de archivos. Organización del archivo. Centralización o descentralización del archivo. Normas de seguridad y acceso a los archivos. El proceso de archivo. El archivo de los documentos administrativos

1. Según el artículo 68.3 del Estatuto de Autonomía de Andalucía, ¿qué tipo de competencia tiene la Comunidad autónoma de Andalucía sobre archivos que no sean de titularidad estatal?

a) Competencia exclusiva.
b) Competencia ejecutiva.
c) Competencia compartida.
d) Competencia en relación con la aplicación del derecho comunitario.

2. La Ley 7/2011, de 3 de noviembre, de Documentos, Archivos y Patrimonio Documental de Andalucía define al ARCHIVO como un conjunto orgánico de .... producidos o recibidos en el ejercicio de sus funciones por las personas físicas o jurídicas, públicas y privadas. Qué palabra falta en la frase anterior:

a) Expedientes.
b) Documentos.
c) Ficheros.
d) Actos.

3. Conforme al artículo 27.1 de la Ley 7/2011, el Sistema Archivístico de Andalucía actuará bajo los principios de coordinación y:

a) Colaboración mutua.
b) Jerarquía.
c) Responsabilidad subsidiaria.
d) Descentralización administrativa y operativa.

4. Conforme al artículo 27.2 de la Ley 7/2011, los planes y programas archivísticos se acordarán, regularán y ejecutarán siguiendo los principios de igualdad, participación, cooperación, descentralización y:

a) Publicidad.
b) Autonomía.
c) Gestión compartida.
d) Transparencia.

5. ¿Qué define el artículo 38 de la Ley 7/2011 como "el conjunto orgánico de documentos producidos o recibidos en el ejercicio de sus funciones por una unidad administrativa"?

a) El archivo central.
b) El archivo intermedio.
c) El archivo de oficina.
d) El archivo primario.

6. Según el artículo 38.2 de la Ley 7/2011, las personas responsables de las unidades administrativas velarán por que sus respectivos archivos de oficina custodien y conserven los documentos de los procedimientos en fase de tramitación, hasta su transferencia al archivo correspondiente, de acuerdo con los plazos establecidos por la Comisión Andaluza de Valoración y Acceso a los Documentos o, en su defecto:

a) A los tres meses de finalizado el correspondiente procedimiento.
b) A los seis meses de finalizado el correspondiente procedimiento.
c) Al año de finalizado el correspondiente procedimiento.
d) A los dos años de finalizado el correspondiente procedimiento.

7. ¿Cómo denomina el artículo 52 de la Ley 7/2011 al instrumento para la identificación de los archivos radicados en el territorio de la Comunidad Autónoma que custodian documentos integrantes del Patrimonio Documental de Andalucía?

a) Registro del Patrimonio Documental de Andalucía.
b) Sistema Archivístico de Andalucía.
c) Archivo General de Andalucía.
d) Censo de Archivos de Andalucía.

8. ¿Cuáles de los siguientes archivos son de titularidad estatal, pero de gestión de la Junta de Andalucía?

a) Archivos históricos provinciales.
b) Archivos centrales.
c) Archivos provinciales intermedios.
d) Archivos de las instituciones de autogobierno de la Comunidad Autónoma.

9. Conforme al artículo 44 de la Ley 7/2011, los archivos provinciales interme-dios serán coordinados funcionalmente por:

a) La Consejería competente en materia de archivos.
b) El correspondiente archivo histórico provincial.
c) La correspondiente Delegación Provincial del Gobierno de la Junta de Andalucía.
d) El Archivo General de Andalucía.

10. Conforme al artículo 46.2 de la Ley 7/2011, los archivos históricos provincia-les dependen orgánicamente de:

a) La consejería.
b) La Diputación Provincial.
c) El Archivo General de Andalucía.
d) La Delegación del Gobierno de la Junta de Andalucía en la provincia.

11. Conforme al artículo 47 de la Ley 7/2011, el Archivo de la Real Chancillería de Granada es un archivo de carácter:

a) Privado.
b) Intermedio.
c) Histórico.
d) Provincial.

12. Según el artículo 49.3 de la Ley 7/2011, deberán estar a cargo de personal con la cualificación y nivel técnico que sea necesario, los archivos de las diputacio-nes provinciales y de los ayuntamientos de municipios a partir de:

a) 5.000 habitantes.
b) 15.000 habitantes.
c) 25.000 habitantes.
d) 50.000 habitantes.

13. Según el artículo 51 de la Ley 7/2011, la inclusión de un archivo distinto de los contemplados en esta ley en el Sistema Archivístico de Andalucía, se producirá a peti-ción de las personas físicas o jurídicas públicas o privadas interesadas, y se resolverá, en un plazo no superior a:

a) 3 meses.
b) 6 meses.
c) 9 meses.
d) 1 año.

14. Según el artículo 29.2.d) de la Ley 7/2011, la adopción de acuerdos de integración de archivos públicos no integrados y de archivos privados en el Sistema Archivístico de Andalucía, corresponde a:

a) El Parlamento de Andalucía.
b) El Consejo de Gobierno.
c) La Consejería competente en materia de documentos, archivos y patrimonio documental.
d) El Archivo General de Andalucía.

15. Según el artículo 31.3.c) de la Ley 7/2011, ¿a quién corresponde establecer los plazos de permanencia, custodia y control de los documentos en los diferentes archivos?

a) Al Consejo de Gobierno.
b) A la Consejería competente en materia de documentos, archivos y patrimonio documental.
c) A la Comisión del Sistema Archivístico de Andalucía.
d) A la Comisión Andaluza de Valoración y Acceso a los Documentos.

En MADTEST tienes **más preguntas de este tema, comentadas y argumentadas**, y todos tus avances quedan registrados y se reflejan en el ranking.

¡Supera tus límites con MADTEST!

A continuación te presentamos algunos ejemplos de preguntas comentadas:

16. Según el artículo 32 de la Ley 7/2011, actuará como órgano de información, consulta y asesoramiento del Sistema Archivístico de Andalucía:

a) La Comisión Andaluza de Valoración y Acceso a los Documentos.
b) La Comisión del Sistema Archivístico de Andalucía.
c) El Archivo General de Andalucía.
d) La Consejería competente en materia de documentos, archivos y patrimonio documental.

Respuesta correcta: b) La Comisión del Sistema Archivístico de Andalucía.

Según el artículo 32.3 de la Ley 7/2011, son funciones de la Comisión del Sistema Archivístico de Andalucía:

a) Actuar como órgano de información, consulta y asesoramiento del Sistema Archivístico de Andalucía.

b) Elevar propuestas sobre cualquier otra medida para el mejor cumplimiento de los fines del Sistema Archivístico de Andalucía.

c) Conocer e informar los planes que se refieran al Sistema Archivístico de Andalucía.

d) Cualesquiera otras funciones que se determinen reglamentariamente.

17. Una ventaja del archivo descentralizado frente al archivo centralizado, es:

a) El archivo descentralizado permite ahorro de tiempo en busca de la información.
b) El archivo descentralizado estará atendido por profesionales especialistas.
c) El archivo descentralizado proporciona mayor proximidad y accesibilidad.
d) El archivo descentralizado permite el ahorro en instalaciones, equipos y materiales.

Respuesta correcta: c) El archivo descentralizado proporciona mayor proximidad y accesibilidad.

Las ventajas del archivo descentralizado son:

– Mayor proximidad y accesibilidad.

– Evita los trámites de petición.

Los inconvenientes del archivo descentralizado son:

– Se repiten tareas de archivo.

– Se multiplican los espacios, equipos, materiales y personal relacionados con los diferentes archivos.

18. Según el artículo 3.2 de la Ley 40/2015, de 1 de octubre, del Régimen Jurídico del Sector Público, las Administraciones Públicas se relacionarán entre sí y con sus órganos, organismos públicos y entidades vinculados o dependientes a través de medios electrónicos, que aseguren la interoperabilidad y .... de los sistemas y soluciones adoptadas por cada una de ellas, garantizarán la protección de los datos de carácter personal, y facilitarán preferentemente la prestación conjunta de servicios a los interesados. ¿Qué palabra falta en la frase anterior?

a) Autonomía.
b) Seguridad.
c) Calidad.
d) Disponibilidad.

Respuesta correcta: b) Seguridad.

Según el artículo 3.2 de la Ley 40/2015, de 1 de octubre, del Régimen Jurídico del Sector Público, las Administraciones Públicas se relacionarán entre sí y con sus órganos, organismos públicos y entidades vinculados o dependientes a través de medios electrónicos, que aseguren la interoperabilidad y seguridad de los sistemas y soluciones adoptadas por cada una de ellas, garantizarán la protección de los datos de carácter personal, y facilitarán preferentemente la prestación conjunta de servicios a los interesados.

19. ¿En virtud de qué principio de la Política de seguridad de las tecnologías de la información y comunicaciones en la Administración de la Junta de Andalucía (Decreto 1/2011, de 11 de enero), se revisará el grado de eficacia de los controles de seguridad TIC implantados, al objeto de adecuarlos a la constante evolución de los riesgos y del entorno tecnológico de la Administración de la Junta de Andalucía?

a) Principio de gestión del riesgo.
b) Principio de mejora continua.
c) Principio de disponibilidad y continuidad.
d) Principio de seguridad TIC en el ciclo de vida de los activos TIC.

Respuesta correcta: b) Principio de mejora continua.

Según el artículo 5 del Decreto 1/2011, de 11 de enero, por el que se establece la política de seguridad de las tecnologías de la información y comunicaciones en la Administración de la Junta de Andalucía, la política de seguridad TIC de la Administración de la Junta de Andalucía se desarrollará, con carácter general, de acuerdo a los siguientes principios:

a) Principio de confidencialidad: los activos TIC deberán ser accesibles únicamente para aquellas personas usuarias, órganos y entidades o procesos expresamente autorizados para ello, con respeto a las obligaciones de secreto y sigilo profesional.

b) Principio de integridad y calidad: se deberá garantizar el mantenimiento de la integridad y calidad de la información, así como de los procesos de tratamiento de la misma, estableciéndose los mecanismos para asegurar que los procesos de creación, tratamiento, almacenamiento y distribución de la información contribuyen a preservar su exactitud y corrección.

c) Principio de disponibilidad y continuidad: se garantizará un alto nivel de disponibilidad en los activos TIC y se dotarán de los planes y medidas necesarias para asegurar la continuidad de los servicios y la recuperación ante posibles contingencias graves.

d) Principio de gestión del riesgo: se deberá articular un proceso continuo de análisis y tratamiento de riesgos como mecanismo básico sobre el que debe descansar la gestión de la seguridad de los activos TIC.

e) Principio de proporcionalidad en coste: la implantación de medidas que mitiguen los riesgos de seguridad de los activos TIC deberá hacerse bajo un enfoque de proporcionalidad en los costes económicos y operativos.

f) Principio de concienciación y formación: se articularán iniciativas que permitan a las personas usuarias conocer sus deberes y obligaciones en cuanto al tratamiento seguro de la información se refiere. De igual forma, se fomentará la formación específica en materia de seguridad TIC de todas aquellas personas que gestionan y administran sistemas de información y telecomunicaciones.

g) Principio de prevención: se desarrollarán planes y líneas de trabajo específicas orientadas a prevenir fraudes, incumplimientos o incidentes relacionados con la seguridad TIC.

h) Principio de mejora continua: se revisará el grado de eficacia de los controles de seguridad TIC implantados, al objeto de adecuarlos a la constante evolución de los riesgos y del entorno tecnológico de la Administración de la Junta de Andalucía.

i) Principio de seguridad TIC en el ciclo de vida de los activos TIC: las especificaciones de seguridad se incluirán en todas las fases del ciclo de vida de los servicios y sistemas, acompañadas de los correspondientes procedimientos de control.

j) Principio de función diferenciada: la responsabilidad de la seguridad de los sistemas de tecnologías de la información y comunicaciones estará diferenciada de la responsabilidad sobre la prestación de los servicios.

20. ¿En virtud de qué principio de la Política de seguridad de las tecnologías de la información y comunicaciones en la Administración de la Junta de Andalucía los activos TIC deberán ser accesibles únicamente para aquellas personas usuarias, órganos y entidades o procesos expresamente autorizados para ello, con respeto a las obligaciones de secreto y sigilo profesional?

a) Principio de gestión del riesgo.
b) Principio de integridad y calidad
c) Principio de función diferenciada.
d) Principio de confidencialidad.

Respuesta correcta: d) Principio de confidencialidad.

Según el artículo 5.a) del Decreto 1/2011, por el Principio de confidencialidad, los activos TIC deberán ser accesibles únicamente para aquellas personas usuarias, órganos y entidades o procesos expresamente autorizados para ello, con respeto a las obligaciones de secreto y sigilo profesional.

Solución al test n.º 17

1. a) Competencia exclusiva.

2. b) Documentos.

3. d) Descentralización administrativa y operativa.

4. b) Autonomía.

5. c) El archivo de oficina.

6. c) Al año de finalizado el correspondiente procedimiento.

7. d) Censo de Archivos de Andalucía.

8. a) Archivos históricos provinciales.

9. d) El Archivo General de Andalucía.

10. a) La consejería.

11. c) Histórico.

12. b) 15.000 habitantes.

13. b) 6 meses.

14. c) La Consejería competente en materia de documentos, archivos y patrimonio documental.

15. d) A la Comisión Andaluza de Valoración y Acceso a los Documentos.

16. b) La Comisión del Sistema Archivístico de Andalucía.

17. c) El archivo descentralizado proporciona mayor proximidad y accesibilidad.

18. b) Seguridad.

19. b) Principio de mejora continua.

20. d) Principio de confidencialidad.

TEST N.º 18

La protección de datos. Regulación legal. Principios de la protección de datos. Ficheros de titularidad pública. Infracciones y sanciones. Datos especialmente protegidos. El derecho de acceso a los archivos. Limitaciones y formas de acceso. La Agencia de Protección de Datos y el Registro de Protección de Datos

1. El RGPD señala al determinar cuál es su objeto, que la libre circulación de los datos personales en la Unión:

a) Podrá ser restringida y prohibida por motivos relacionados con la protección de las personas físicas en lo que respecta al tratamiento de datos personales.

b) Podrá ser restringida, pero no prohibida, por motivos relacionados con la protección de las personas físicas en lo que respecta al tratamiento de datos personales.

c) No podrá ser restringida ni prohibida por motivos relacionados con la protección de las personas físicas en lo que respecta al tratamiento de datos personales.

d) No podrá ser restringida, pero sí prohibida, por motivos relacionados con la protección de las personas físicas en lo que respecta al tratamiento de datos personales.

2. Según el artículo 5 del Reglamento (UE) 2016/679, de 27 de abril, relativo a la protección de las personas físicas en lo que respecta al tratamiento de datos personales y a la libre circulación de estos datos, los datos personales serán tratados, en relación con el interesado, de manera lícita, leal y:

a) Fiable.
b) Segura.
c) Confidencial.
d) Transparente.

3. Según el Reglamento (UE) 2016/679, de 27 de abril, relativo a la protección de las personas físicas en lo que respecta al tratamiento de datos personales y a la libre circulación de estos datos, para poder considerar que el consentimiento del interesado para el tratamiento de sus datos personales es inequívoco:

a) Se requerirá declaración jurada del interesado donde manifieste su conformidad.
b) Se precisa contrato de cesión de datos personales.

c) Deberá existir una declaración del interesado o una acción positiva que manifieste su conformidad.

d) Bastará con el consentimiento por silencio, casillas ya marcadas o inacción.

4. Cuando los plazos se señalen por días en el RGPD o en la LO 3/2018, se entiende que estos:

a) Son naturales.

b) Son hábiles, de lunes a sábado; excluyéndose del cómputo los domingos y los declarados festivos.

c) Son naturales; excluyéndose del cómputo los declarados festivos.

d) Son hábiles, excluyéndose del cómputo los sábados, los domingos y los declarados festivos.

5. Es correcto, conforme a la disposición adicional 3ª de la LO 3/2018, que:

a) Cuando los plazos se señalen por días, se entiende que estos son naturales.

b) Si el plazo se fija en semanas, concluirá el día anterior al día de la semana en que se produjo el hecho que determina su iniciación en la semana de vencimiento.

c) Si el plazo se fija en años, concluirá el mismo día en que se produjo el hecho que determina su iniciación en el año de vencimiento.

d) Cuando el último día del plazo sea inhábil, se entenderá adelantado al último día hábil anterior.

6. El RGPD considera "destinatario":

a) A la persona física o jurídica, autoridad pública, servicio u otro organismo al que se comuniquen datos personales, siempre que se trate de un tercero.

b) A la persona física o jurídica, autoridad pública, servicio u otro organismo al que se comuniquen datos personales, se trate o no de un tercero.

c) A la autoridad pública que pueda recibir datos personales en el marco de una investigación concreta de conformidad con el Derecho de la Unión o de los Estados miembros.

d) A la persona física o jurídica, autoridad pública, servicio u organismo distinto del interesado, del responsable del tratamiento, del encargado del tratamiento y de las personas autorizadas para tratar los datos personales bajo la autoridad directa del responsable o del encargado.

7. ¿Cómo denomina el RGPD el tratamiento de datos personales de manera tal que ya no puedan atribuirse a un interesado sin utilizar información adicional, siempre que dicha información adicional figure por separado y esté sujeta a medidas técnicas y organizativas destinadas a garantizar que los datos personales no se atribuyan a una persona física identificada o identificable?

a) Seudonimización.

b) Anonimización.

c) Generalización.
d) Encriptación.

8. El RGPD lo define como la persona física o jurídica, autoridad pública, servicio u otro organismo que trate datos personales por cuenta del responsable del tratamiento:

a) El Delegado.
b) El Encargado.
c) El Representante.
d) El Tratante.

9. Respecto a la naturaleza de la LO 3/ 2018, de 5 de diciembre, de Protección de Datos Personales y garantía de los derechos digitales:

a) Todo su articulado tiene carácter de ley orgánica.
b) Los títulos I a V tienen carácter de ley orgánica y los títulos restantes, carácter de ley ordinaria.
c) Los títulos I a X tienen carácter de ley orgánica, mientras que las disposiciones adicionales, transitorias, derogatoria y finales tienen carácter de ley ordinaria.
d) Algunos títulos, artículos y disposiciones tienen carácter de ley ordinaria.

10. Conforme al artículo 3 de la LO 3/2018, las personas vinculadas al fallecido por razones familiares o de hecho así como sus herederos:

a) No podrán dirigirse al responsable o encargado del tratamiento para solicitar el acceso a los datos personales de aquella, si no es por vía judicial.
b) Sólo podrán dirigirse al encargado del tratamiento, siempre que sea con objeto de rectificar datos manifiestamente falsos.
c) Podrán dirigirse al responsable o encargado del tratamiento siempre que sea con objeto de solicitar la supresión de los datos personales de aquella sin posibilidad de acceder a ellos.
d) Podrán dirigirse al responsable o encargado del tratamiento al objeto de solicitar el acceso a los datos personales de aquella y, en su caso, su rectificación o supresión.

11. Según el artículo 3 de la LO 3/2018, los requisitos y condiciones para acreditar la validez y vigencia de los mandatos e instrucciones de las personas fallecidas respecto al acceso a los datos personales de éstas por parte de las personas o instituciones que designaran expresamente, serán establecidos:

a) Por medio de una Directiva europea.
b) Por Ley estatal.
c) Por Ley autonómica.
d) Por Real Decreto.

12. El artículo 4 de la LO 3/2018 señala que, conforme al artículo 5.1.d) del Reglamento (UE) 2016/679, los datos serán exactos y, si fuere necesario:

a) Actualizados.
b) Aproximados.
c) Normalizados.
d) Digitalizados.

13. Señala la opción incorrecta. No será imputable al responsable del tratamiento, siempre que este haya adoptado todas las medidas razonables para que se supriman o rectifiquen sin dilación, la inexactitud de los datos personales, con respecto a los fines para los que se tratan, cuando los datos inexactos:

a) Hubiesen sido obtenidos por el responsable directamente del encargado.
b) Hubiesen sido obtenidos por el responsable de un mediador o intermediario en caso de que las normas aplicables al sector de actividad al que pertenezca el responsable del tratamiento establecieran la posibilidad de intervención de un intermediario o mediador que recoja en nombre propio los datos de los afectados para su transmisión al responsable.
c) Fuesen sometidos a tratamiento por el responsable por haberlos recibido de otro responsable en virtud del ejercicio por el afectado del derecho a la portabilidad.
d) Fuesen obtenidos de un registro público por el responsable.

14. Conforme al artículo 5.1 de la LO 3/2018, estarán sujetas al deber de confidencialidad:

a) Únicamente los responsables del tratamiento.
b) Los responsables y encargados del tratamiento.
c) Los responsables y encargados del tratamiento de datos así como todas las personas que intervengan en cualquier fase de este.
d) Los responsables y encargados del tratamiento de datos así como todas las personas que intervengan en todas las fases de este.

15. Conforme a los artículos 4.11 del RGPD y 6.1 de la LO 3/2018, se entiende por consentimiento del afectado la aceptación, ya sea mediante una declaración o una clara acción afirmativa, del tratamiento de datos personales que le conciernen manifestada por voluntad libre, de forma específica, informada e/y:

a) Detallada.
b) Unitaria.
c) Inequívoca.
d) Por escrito.

En MADTEST tienes **más preguntas de este tema, comentadas y argumentadas**, y todos tus avances quedan registrados y se reflejan en el ranking.

¡Supera tus límites con MADTEST!

A continuación te presentamos algunos ejemplos de preguntas comentadas:

16. Cuando se pretenda fundar el tratamiento de los datos en el consentimiento del afectado para una pluralidad de finalidades:

a) Será preciso que conste de manera específica e inequívoca que dicho consentimiento se otorga para todas ellas.

b) Será necesario demostrar que el afectado consintió expresamente e inequívocamente en alguna de las finalidades y, que el resto de finalidades están claramente relacionadas con aquella.

c) El responsable debe demostrar la adecuación de las distintas finalidades a un único objeto.

d) El consentimiento del afectado sólo puede afectar a una finalidad. Cada finalidad precisa un consentimiento propio e independiente.

Respuesta correcta: a) Será preciso que conste de manera específica e inequívoca que dicho consentimiento se otorga para todas ellas.

Según el artículo 6.2 de la LO 3/2018, cuando se pretenda fundar el tratamiento de los datos en el consentimiento del afectado para una pluralidad de finalidades será preciso que conste de manera específica e inequívoca que dicho consentimiento se otorga para todas ellas.

17. El tratamiento de datos personales solo podrá considerarse fundado en el cumplimiento de una misión realizada en interés público o en el ejercicio de poderes públicos conferidos al responsable cuando derive de una competencia atribuida por:

a) Una norma con rango de ley.

b) El Reglamento General de Protección de Datos.

c) La Ley Orgánica 3/2018, de 5 de diciembre, de Protección de Datos Personales y garantía de los derechos digitales.

d) Un Reglamento.

Respuesta correcta: a) Una norma con rango de ley.

Según el artículo 8.2 de la LO 3/2018, el tratamiento de datos personales solo podrá considerarse fundado en el cumplimiento de una misión realizada en interés público o en el ejercicio de poderes públicos conferidos al responsable, en los términos previstos en el artículo 6.1 e) del Reglamento (UE) 2016/679, cuando derive de una competencia atribuida por una norma con rango de ley.

18. Según el artículo 8.1 de la LO 3/2018, el tratamiento de datos personales solo podrá considerarse fundado en el cumplimiento de una obligación legal exigible al responsable:

a) Cuando así lo prevea una norma de Derecho de la Unión Europea o una norma con rango de ley.

b) Cuando el tratamiento se considere una misión realizada en interés público.

c) Cuando se trate del ejercicio de poderes públicos conferidos al responsable.

d) Cuando el responsable sea un órgano u organismo público.

Respuesta correcta: a) Cuando así lo prevea una norma de Derecho de la Unión Europea o una norma con rango de ley.

Según el artículo 8.1 de la LO 3/2018, el tratamiento de datos personales solo podrá considerarse fundado en el cumplimiento de una obligación legal exigible al responsable, en los términos previstos en el artículo 6.1.c) del Reglamento (UE) 2016/679, cuando así lo prevea una norma de Derecho de la Unión Europea o una norma con rango de ley, que podrá determinar las condiciones generales del tratamiento y los tipos de datos objeto del mismo así como las cesiones que procedan como consecuencia del cumplimiento de la obligación legal. Dicha norma podrá igualmente imponer condiciones especiales al tratamiento, tales como la adopción de medidas adicionales de seguridad u otras establecidas en el capítulo IV del Reglamento (UE) 2016/679.

19. Conforme al artículo 9 de la LO 3/2018, de 5 de diciembre, de Protección de Datos Personales y garantía de los derechos digitales, ¿cuál de los siguientes tratamientos de categorías especiales de datos fundados en el Derecho español deberá estar amparado en una norma con rango de ley?

a) El interesado dio su consentimiento explícito para el tratamiento de dichos datos personales con uno o más de los fines especificados.

b) El tratamiento es necesario para el cumplimiento de obligaciones y el ejercicio de derechos específicos del responsable del tratamiento o del interesado en el ámbito del Derecho laboral y de la seguridad y protección social.

c) El tratamiento es necesario para proteger intereses vitales del interesado o de otra persona física, en el supuesto de que el interesado no esté capacitado, física o jurídicamente, para dar su consentimiento.

d) El tratamiento es necesario por razones de interés público en el ámbito de la salud pública, como la protección frente a amenazas transfronterizas graves para la salud, o para garantizar elevados niveles de calidad y de seguridad de la asistencia sanitaria y de los medicamentos o productos sanitarios.

Respuesta correcta: d) El tratamiento es necesario por razones de interés público en el ámbito de la salud pública, como la protección frente a amenazas transfronterizas graves para la salud, o para garantizar elevados niveles de calidad y de seguridad de la asistencia sanitaria y de los medicamentos o productos sanitarios.

Según el artículo 9 del RGPD:

1. Quedan prohibidos el tratamiento de datos personales que revelen el origen étnico o racial, las opiniones políticas, las convicciones religiosas o filosóficas, o la afiliación sindical, y el tratamiento de datos genéticos, datos biométricos dirigidos a identificar de manera unívoca a una persona física, datos relativos a la salud o datos relativos a la vida sexual o la orientación sexual de una persona física.

2. El apartado 1 no será de aplicación cuando concurra una de las circunstancias siguientes:

    –   el interesado dio su consentimiento explícito para el tratamiento de dichos datos personales con uno o más de los fines especificados, excepto cuando el Derecho de la Unión o de los Estados miembros establezca que la prohibición mencionada en el apartado 1 no puede ser levantada por el interesado;

    –   el tratamiento es necesario para el cumplimiento de obligaciones y el ejercicio de derechos específicos del responsable del tratamiento o del interesado en el ámbito del Derecho laboral y de la seguridad y protección social, en la medida en que así lo autorice el Derecho de la Unión o de los Estados miembros o un convenio colectivo con arreglo al Derecho de los Estados miembros que establezca garantías adecuadas del respeto de los derechos fundamentales y de los intereses del interesado;

    –   el tratamiento es necesario para proteger intereses vitales del interesado o de otra persona física, en el supuesto de que el interesado no esté capacitado, física o jurídicamente, para dar su consentimiento;

    –   el tratamiento es efectuado, en el ámbito de sus actividades legítimas y con las debidas garantías, por una fundación, una asociación o cualquier otro organismo sin ánimo de lucro, cuya finalidad sea política, filosófica, religiosa o sindical, siempre que el tratamiento se refiera exclusivamente a los miembros actuales o antiguos de tales organismos o a personas que mantengan contactos regulares con ellos en relación con sus fines y siempre que los datos personales no se comuniquen fuera de ellos sin el consentimiento de los interesados;

    –   el tratamiento se refiere a datos personales que el interesado ha hecho manifiestamente públicos;

    –   el tratamiento es necesario para la formulación, el ejercicio o la defensa de reclamaciones o cuando los tribunales actúen en ejercicio de su función judicial;

    –   el tratamiento es necesario por razones de un interés público esencial, sobre la base del Derecho de la Unión o de los Estados miembros, que debe ser proporcional al objetivo perseguido, respetar en lo esencial el derecho a la protección de datos y establecer medidas adecuadas y específicas para proteger los intereses y derechos fundamentales del interesado;

    –   el tratamiento es necesario para fines de medicina preventiva o laboral, evaluación de la capacidad laboral del trabajador, diagnóstico médico, prestación de asistencia o tratamiento de tipo sanitario o social, o gestión de los sistemas y servicios de asistencia sanitaria y social, sobre la base del Derecho de la Unión o de los Estados miembros o en virtud de un contrato con un profesional sanitario y sin perjuicio de las condiciones y garantías contempladas en el apartado 3;

– el tratamiento es necesario por razones de interés público en el ámbito de la salud pública, como la protección frente a amenazas transfronterizas graves para la salud, o para garantizar elevados niveles de calidad y de seguridad de la asistencia sanitaria y de los medicamentos o productos sanitarios, sobre la base del Derecho de la Unión o de los Estados miembros que establezca medidas adecuadas y específicas para proteger los derechos y libertades del interesado, en particular el secreto profesional,

– el tratamiento es necesario con fines de archivo en interés público, fines de investigación científica o histórica o fines estadísticos, de conformidad con el artículo 89, apartado 1, sobre la base del Derecho de la Unión o de los Estados miembros, que debe ser proporcional al objetivo perseguido, respetar en lo esencial el derecho a la protección de datos y establecer medidas adecuadas y específicas para proteger los intereses y derechos fundamentales del interesado.

3. Los datos personales a que se refiere el apartado 1 podrán tratarse a los fines citados en el apartado 2, letra h), cuando su tratamiento sea realizado por un profesional sujeto a la obligación de secreto profesional, o bajo su responsabilidad, de acuerdo con el Derecho de la Unión o de los Estados miembros o con las normas establecidas por los organismos nacionales competentes, o por cualquier otra persona sujeta también a la obligación de secreto de acuerdo con el Derecho de la Unión o de los Estados miembros o de las normas establecidas por los organismos nacionales competentes.

4. Los Estados miembros podrán mantener o introducir condiciones adicionales, inclusive limitaciones, con respecto al tratamiento de datos genéticos, datos biométricos o datos relativos a la salud.

Según el artículo 9.2 de la LO 3/2018, los tratamientos de datos contemplados en las letras g), h) e i) del artículo 9.2 del Reglamento (UE) 2016/679 fundados en el Derecho español deberán estar amparados en una norma con rango de ley, que podrá establecer requisitos adicionales relativos a su seguridad y confidencialidad.

En particular, dicha norma podrá amparar el tratamiento de datos en el ámbito de la salud cuando así lo exija la gestión de los sistemas y servicios de asistencia sanitaria y social, pública y privada, o la ejecución de un contrato de seguro del que el afectado sea parte.

20. Conforme al RGPD, cuando se aplique el consentimiento para el tratamiento de sus datos personales para uno o varios fines específicos en relación con la oferta directa a niños de servicios de la sociedad de la información, el tratamiento de los datos personales de un niño se considerará lícito cuando este tenga como mínimo:

a) 12 años.
b) 13 años.

c) 14 años.
d) 16 años.

Respuesta correcta: d) 16 años.

Según el artículo 8.1 del RGPD, cuando se aplique el artículo 6, apartado 1, letra a), en relación con la oferta directa a niños de servicios de la sociedad de la información, el tratamiento de los datos personales de un niño se considerará lícito cuando tenga como mínimo 16 años. Si el niño es menor de 16 años, tal tratamiento únicamente se considerará lícito si el consentimiento lo dio o autorizó el titular de la patria potestad o tutela sobre el niño, y solo en la medida en que se dio o autorizó. Los Estados miembros podrán establecer por ley una edad inferior a tales fines, siempre que esta no sea inferior a 13 años.

Solución al test n.º 18

1. c) No podrá ser restringida ni prohibida por motivos relacionados con la protección de las personas físicas en lo que respecta al tratamiento de datos personales.

2. d) Transparente.

3. c) Deberá existir una declaración del interesado o una acción positiva que manifieste su conformidad.

4. d) Son hábiles, excluyéndose del cómputo los sábados, los domingos y los declarados festivos.

5. c) Si el plazo se fija en años, concluirá el mismo día en que se produjo el hecho que determina su iniciación en el año de vencimiento.

6. b) A la persona física o jurídica, autoridad pública, servicio u otro organismo al que se comuniquen datos personales, se trate o no de un tercero.

7. a) Seudonimización.

8. b) El Encargado.

9. d) Algunos títulos, artículos y disposiciones tienen carácter de ley ordinaria.

10. d) Podrán dirigirse al responsable o encargado del tratamiento al objeto de solicitar el acceso a los datos personales de aquella y, en su caso, su rectificación o supresión.

11. d) Por Real Decreto.

12. a) Actualizados.

13. a) Hubiesen sido obtenidos por el responsable directamente del encargado.

14. c) Los responsables y encargados del tratamiento de datos así como todas las personas que intervengan en cualquier fase de este.

15. c) Inequívoca.

16. a) Será preciso que conste de manera específica e inequívoca que dicho consentimiento se otorga para todas ellas.

17. a) Una norma con rango de ley.

18. a) Cuando así lo prevea una norma de Derecho de la Unión Europea o una norma con rango de ley.

19. d) El tratamiento es necesario por razones de interés público en el ámbito de la salud pública, como la protección frente a amenazas transfronterizas graves para la salud, o para garantizar elevados niveles de calidad y de seguridad de la asistencia sanitaria y de los medicamentos o productos sanitarios.

20. d) 16 años.

La calidad. Concepto de Calidad. Calidad del servicio y calidad percibida por el cliente. Medición de la calidad y costes de la no calidad. Evaluación de la calidad de los servicios. Definición y finalidad. Modalidades de evaluación. Las Cartas de Servicios. Definición. Estructura y contenido. Elaboración, aprobación, publicación, divulgación y actualización. Seguimiento y suspensión. Competencias en materia de calidad

1. ¿Cómo se define ÁGORA?

a) Una aplicación web que no facilita el trabajo en equipo y la gestión de proyectos, facilitando la mejora discontinua a través de la planificación, ejecución y seguimiento de proyectos de Cartas de Servicios, Autoevaluaciones, Gestión por procesos, Planes de Mejora y Memorias.

b) Un programa web que facilita el trabajo en equipo y la gestión de proyectos, facilitando la mejora continua a través de la planificación, ejecución y seguimiento de proyectos de Cartas de Servicios, Autoevaluaciones, Gestión por procesos, Planes de Mejora y Memorias.

c) Una aplicación web que facilita el trabajo en equipo y la gestión de proyectos, facilitando la mejora continua a través de la planificación, ejecución y seguimiento de proyectos de Cartas de Servicios, Autoevaluaciones, Gestión por procesos, Planes de Mejora y Memorias.

d) Una aplicación web que no facilita el trabajo en equipo y la gestión de proyectos, facilitando la mejora continua a través de la planificación, ejecución y seguimiento de proyectos de Cartas de Servicios, Autoevaluaciones, Gestión por procesos, Planes de Mejora y Memorias.

2. Indica la respuesta incorrecta. Las Cartas de Servicios se redactarán de forma breve, clara, sencilla y con una terminología fácilmente comprensible para el ciudadano y se estructurarán de carácter general:

a) Identificación del órgano, organismo o unidad prestadora del servicio.

b) Identificación de la unidad responsable de la elaboración, gestión, control y seguimiento de la Carta de Servicios.

c) Servicios que presta.

d) Forma de colaboración o participación de los ciudadanos y usuarios en la mejora de los servicios.

3. La UNE-EN ISO 9000, referida a sistemas de gestión de la calidad:

a) Aparece en 1987.

b) Establece el punto de partida para comprender las normas, conteniendo los principios de gestión de la calidad que inspiran el resto de normas de esta familia, así como el vocabulario que se empleará para evitar errores en su utilización.

c) Estar certificado en alguna de las ISO 9000 significa que la empresa que lo posea es capaz de crear un producto o servicio de calidad, regulado y avalado por una tercera entidad.

d) Todas las respuestas anteriores son correctas.

4. ¿Cuándo deben ser actualizadas las Cartas de Servicios?

a) Siempre que haya modificaciones en los servicios prestados o por otras modificaciones sustanciales en los datos que contengan.

b) Cada vez que el autor de cada Carta así lo considere.

c) A propuesta del Consejo de Gobierno.

d) Ninguna de las respuestas anteriores es correcta.

5. Respecto a la pregunta anterior, son motivos para proceder a la actualización:

a) Aquellas modificaciones que afectan al contenido esencial de las cartas, fundamentalmente en lo que se refiere a modificaciones normativas así como reestructuraciones orgánicas sustantivas.

b) Aquellas modificaciones que introduzcan nuevos servicios o modalidades de prestación de los mismos, mejora en la prestación de los servicios por dotación de más personal, recursos materiales y financieros o innovación tecnológica que posibilite un mayor rendimiento.

c) Aquellas modificaciones que introduzcan cualesquiera circunstancias sobrevenidas que afecten de manera apreciable el funcionamiento del servicio.

d) Todas las respuestas anteriores son correctas.

6. ¿Cuándo los órganos, organismos y unidades que cuenten con Carta de Servicios aprobada y publicada, elaborarán un informe detallado sobre la observancia de la misma durante el año anterior, analizando resultados e indicadores y explicando las medidas correctoras o planes de mejora que se propongan aplicar, que serán tenidos en cuenta para la actualización de los compromisos previstos en las Cartas de Servicios?

a) En el primer trimestre del año.

b) En el segundo trimestre del año.

c) En el tercer trimestre del año.

d) En el último trimestre del año.

7. ¿Quién garantizará en todo momento que su o sus Cartas de Servicios puedan ser conocidas por los usuarios a través de cualesquiera de sus dependencias administrativas y llevará a cabo las acciones divulgativas de las mismas que estime más eficaces?

a) Cada órgano, organismo o unidad.
b) El Consejo de Gobierno.
c) La Viceconsejería de la Presidencia, Interior, Diálogo Social y Simplificación Administrativa.
d) La Secretaría General para la Administración Pública.

8. ¿Quién establecerá los mecanismos de coordinación precisos para que las tareas sectoriales de divulgación respondan a criterios uniformes?

a) Cada órgano, organismo o unidad.
b) El Consejo de Gobierno.
c) La Viceconsejería de la Presidencia, Interior, Diálogo Social y Simplificación Administrativa.
d) La Secretaría General para la Administración Pública.

9. ¿Quién promoverá la creación de una imagen unitaria para la identificación genérica de las Cartas de Servicios en la Administración de la Junta de Andalucía, que servirá de base al desarrollo sectorial que haga cada Consejería dentro de su ámbito competencial?

a) Cada órgano, organismo o unidad.
b) El Consejo de Gobierno.
c) La Viceconsejería de Justicia, Administración Local y Función Pública.
d) La Secretaría General para la Administración Pública.

10. ¿Cuál es el ámbito de aplicación de las Cartas de Servicios?

a) Se aplicará a algunos órganos y servicios de la Administración de la Junta de Andalucía y sus Organismos Autónomos y entidades instrumentales y, además, será de aplicación supletoria en el ámbito de la prestación de servicios de la Administración educativa y la Administración sanitaria respecto de la normativa específica que se dicte.
b) Se aplicará a todos los órganos y servicios de la Administración de la Junta de Andalucía y sus Organismos Autónomos y entidades instrumentales y, además, será de aplicación subsidiaria en el ámbito de la prestación de servicios de la Administración educativa y la Administración sanitaria respecto de la normativa específica que se dicte.
c) Se aplicará a todos los órganos y servicios de la Administración de la Junta de Andalucía y sus Organismos Autónomos y entidades instrumentales y, además, será de aplicación supletoria en el ámbito de la prestación de servicios de la Administración educativa y la Administración sanitaria respecto de la normativa específica que se dicte.
d) Se aplicará a todos los órganos y servicios de la Administración de la Junta de Andalucía y sus Organismos Autónomos y entidades instrumentales y, además, será de aplicación supletoria en el ámbito de la prestación de servicios de la Administración educativa, la Administración sanitaria y la Administración local respecto de la normativa específica que se dicte.

En MADTEST tienes **más preguntas de este tema, comentadas y argumentadas**, y todos tus avances quedan registrados y se reflejan en el ranking.

¡Supera tus límites con MADTEST!

A continuación te presentamos algunos ejemplos de preguntas comentadas:

11. Las Cartas de Servicios deberán publicarse:

a) No se precisa publicación.
b) En el Boletín Oficial de la Provincia.
c) En el Boletín Oficial de la Junta de Andalucía.
d) En los tablones de anuncios de la Consejería correspondiente.

Respuesta correcta: c) En el Boletín Oficial de la Junta de Andalucía.

Las Cartas de Servicios serán aprobadas por resolución del titular o máximo responsable del órgano, organismo o unidad, a cuyos servicios se refieren aquellas, previo informe de la Consejería de Justicia, Administración Local y Función Pública . En el caso de que el desarrollo de un procedimiento o la prestación de servicios afecte a varios órganos, será precisa la aprobación por resolución conjunta de los titulares de los órganos a que afecte. La resolución aprobatoria de la Carta de Servicios se publicará en el Boletín Oficial de la Junta de Andalucía, momento a partir del cual surtirá plenos efectos. Aprobada y publicada la Carta de Servicios, la unidad responsable de su gestión y seguimiento deberá remitirla a la, Secretaría General para la Administración Pública en formato papel y soporte informático.

12. Indica si la aplicación de las Cartas de Servicios pueden suspenderse:

a) Sí, por razones excepcionales sobrevenidas que afecten de manera extraordinaria al funcionamiento del servicio.
b) Sí, por razones sobrevenidas que afecten al funcionamiento del servicio.
c) En ningún caso.
d) En cualquier situación, pero se precisa una resolución motivada que se publicará en el Boletín Oficial de la Junta de Andalucía.

Respuesta correcta: a) Sí, por razones excepcionales sobrevenidas que afecten de manera extraordinaria al funcionamiento del servicio.

Por razones excepcionales sobrevenidas que afecten de manera extraordinaria al funcionamiento del servicio, el titular del órgano competente para aprobar la Carta de Servicios podrá, mediante resolución motivada, suspenderla por un período de tiempo determinado y con el alcance que la resolución disponga. La resolución por la que se acuerde la suspensión de la Carta de Servicios se publicará en el Boletín Oficial de la Junta de Andalucía.

13. Indica la respuesta correcta respecto a las Cartas de Servicios:

a) Los titulares de los órganos, organismos o unidades a los que se refieran las Cartas de Servicios serán los responsables últimos de su elaboración.

b) Serán aprobadas por resolución del titular o máximo responsable del órgano, organismo o unidad, a cuyos servicios se refieren aquellas, previo informe de la Viceconsejería de la Presidencia, Interior, Diálogo Social y Simplificación Administrativa.

c) Se redactarán de forma breve, clara, sencilla y con una terminología fácilmente comprensible para el ciudadano.

d) Todas las respuestas son correctas.

Respuesta correcta: d) Todas las respuestas son correctas.

Los titulares de los órganos, organismos o unidades a los que se refieran las Cartas de Servicios serán los responsables últimos de su elaboración. Corresponderá a los titulares de las respectivas Viceconsejerías o a los Presidentes y Directores de las entidades adscritas y entidades instrumentales, en su caso, determinar los órganos, organismos o unidades que elaborarán su Carta de Servicios en función de la especificidad y magnitud de los servicios prestados y de su impacto social, así como de su autonomía y singularidad gestora, sin que, en ningún caso, el rango o nivel pueda ser inferior a Servicio.

14. Las Cartas de Servicios se regulan en la siguiente norma:

a) Decreto 317/2003, de 18 de noviembre, por el que se regulan las Cartas de Servicios, el sistema de evaluación de la calidad de los servicios y se establecen los Premios a la Calidad de los servicios públicos.

b) Decreto 316/2003, de 18 de noviembre, por el que se regulan las Cartas de Servicios, el sistema de evaluación de la calidad de los servicios y se establecen los Premios a la Calidad de los servicios públicos.

c) Decreto 317/2013, de 18 de noviembre, por el que se regulan las Cartas de Servicios, el sistema de evaluación de la calidad de los servicios y se establecen los Premios a la Calidad de los servicios públicos.

d) Decreto 316/2013, de 18 de noviembre, por el que se regulan las Cartas de Servicios, el sistema de evaluación de la calidad de los servicios y se establecen los Premios a la Calidad de los servicios públicos.

Respuesta correcta: a) Decreto 317/2003, de 18 de noviembre, por el que se regulan las Cartas de Servicios, el sistema de evaluación de la calidad de los servicios y se establecen los Premios a la Calidad de los servicios públicos.

El Acuerdo de 24 de octubre de 2003 sobre mejoras de las condiciones de trabajo y en la prestación de los servicios públicos en la Administración General de la Junta de Andalucía, propició que se aprobara el Decreto 317/2003, de 18 de noviembre, por el que se regulan las Cartas de Servicios, el sistema de evaluación de la calidad de los servicios y se establecen los Premios a la Calidad de los servicios públicos, modificada por el Decreto 177/2005, de 19 de julio, ostentando la Consejería competente en materia de función pública (en la actualidad la de Justicia, Administración Local y Función Pública), la coordinación, el impulso y el apoyo de las distintas medidas para la implantación de las Cartas de Servicios, evaluación de la calidad y Premios a la Calidad de los servicios públicos.

15. El modelo EFQM de calidad es el acrónimo de:

a) Euroasiatic Foundation for Quality Management.
b) European Formation for Quality Management.
c) European Foundation for Qualities Management.
d) European Foundation for Quality Management.

Respuesta correcta: d) European Foundation for Quality Management.

Los modelos de GCT o Excelencia más extendidos y que sirven de referencia para otros son:

– El modelo Deming en Japón, creado en 1951. Se trata del modelo más antiguo, instaurado por el gobierno japonés tras la II Guerra Mundial como homenaje a un hombre que con sus enseñanzas sobre la calidad iba a tener una influencia decisiva en el auge de dicho país: el norteamericano Edwards W. Deming.

– El modelo Malcolm Baldrige en los EEUU, creado en 1987 por iniciativa de un grupo de dirigentes preocupados por la pérdida de productividad y competitividad a lo largo de los años 80 de la industria estadounidense frente a la japonesa.

– El modelo EFQM de Excelencia en Europa, cuya primera versión data de 1991, y que fue instituido por 14 grandes empresas que en 1988 constituyeron la European Foundation for Quality Management.

Solución al test n.º 19

1. b) Un programa web que facilita el trabajo en equipo y la gestión de proyectos, facilitando la mejora continua a través de la planificación, ejecución y seguimiento de proyectos de Cartas de Servicios, Autoevaluaciones, Gestión por procesos, Planes de Mejora y Memorias.

2. b) Identificación de la unidad responsable de la elaboración, gestión, control y seguimiento de la Carta de Servicios.

3. d) Todas las respuestas anteriores son correctas.

4. a) Siempre que haya modificaciones en los servicios prestados o por otras modificaciones sustanciales en los datos que contengan.

5. d) Todas las respuestas anteriores son correctas.

6. a) En el primer trimestre del año.

7. a) Cada órgano, organismo o unidad.

8. a) Cada órgano, organismo o unidad.

9. d) La Secretaría General para la Administración Pública.

10. c) Se aplicará a todos los órganos y servicios de la Administración de la Junta de Andalucía y sus Organismos Autónomos y entidades instrumentales y, además, será de aplicación supletoria en el ámbito de la prestación de servicios de la Administración educativa y la Administración sanitaria respecto de la normativa específica que se dicte.

11. c) En el Boletín Oficial de la Junta de Andalucía.

12. a) Sí, por razones excepcionales sobrevenidas que afecten de manera extraordinaria al funcionamiento del servicio.

13. d) Todas las respuestas son correctas.

14. a) Decreto 317/2003, de 18 de noviembre, por el que se regulan las Cartas de Servicios, el sistema de evaluación de la calidad de los servicios y se establecen los Premios a la Calidad de los servicios públicos.

15. d) European Foundation for Quality Management.

Sistemas Informáticos: conceptos fundamentales. El Hardware. Componentes de un ordenador. Los Periféricos. Redes de Área Local. Almacenamiento de Datos: Conceptos fundamentales y tipos de dispositivos. Operaciones básicas de mantenimiento. Nociones básicas de seguridad informática. Los Sistemas Operativos: especial referencia a Windows y Guadalinex. Trabajo en el entorno gráfico. El explorador de Ficheros. Gestión de carpetas y archivos. Las herramientas del sistema. Formatos de ficheros

1. Con 10 bits, ¿cuántos números distintos puedo representar?

a) 2^{10}.
b) 10.
c) 2x10.
d) 10^{10}.

2. ¿Qué número decimal es el 1110 en base 2?

a) 15.
b) 16.
c) 14.
d) 13.

3. ¿Qué parte del ordenador interpreta las instrucciones almacenadas en memoria principal?

a) La unidad de control.
b) El acumulador.
c) El contador de programa.
d) La ALU.

4. ¿Cuál es la memoria más rápida en un ordenador?

a) Memoria principal.
b) Disco duro.

c) Memoria caché.
d) Registros de la CPU.

5. En un disco duro, una circunferencia dentro de una cara se denomina:

a) Cilindro.
b) Sector.
c) Clúster.
d) Pista.

6. ¿Cuál de estos lenguajes de programación no es de alto nivel?

a) C.
b) Cobol.
c) Ensamblador.
d) Basic.

7. ¿Qué topología de red se emplea en la actualidad?

a) Bus.
b) Anillo.
c) Estrella.
d) Token Ring.

8. ¿Qué dispositivo sirve para comunicar dos redes distintas?

a) Rúter.
b) Switch.
c) Hub.
d) Bridge.

9. ¿Cómo se denomina el conector de los cables trenzados empleados en las redes de computadores?

a) RJ-11.
b) RJ-45.
c) RJ-12.
d) RJ-14.

10. Si la dirección IP del rúter es 192.168.0.1 y la máscara de red 255.255.0.0, ¿qué dirección no se puede asignar a una máquina de esa red?

a) 192.168.1.0.
b) 192.168.0.255.
c) 192.168.0.9.
d) 192.167.1.3.

11. El número 1010 en binario, ¿qué número es?

a) 3.
b) 4.
c) 5.
d) 10.

12. Las palabras se codifican en el ordenador en:

a) Código complemento 1.
b) Código complemento 2.
c) Código ASCII.
d) Código decimal.

13. El teclado forma parte de la fase:

a) De procesamiento.
b) De entrada.
c) De salida.
d) De ninguna de las anteriores.

14. Las líneas que comunican las distintas partes de un ordenador se denominan:

a) Pistas.
b) Cilindros.
c) Buses.
d) ALU.

15. ¿Quién interpreta las instrucciones de un programa?

a) ALU.
b) CPU.
c) Registros.
d) Memoria principal.

En MADTEST tienes **más preguntas de este tema, comentadas y argumentadas**, y todos tus avances quedan registrados y se reflejan en el ranking.

¡Supera tus límites con MADTEST!

A continuación te presentamos algunos ejemplos de preguntas comentadas:

16. ¿En qué parte de la CPU se guarda información?

a) ALU.
b) Memoria principal.
c) Unidad de control.
d) Registros.

Respuesta correcta: En los registros de la CPU se guarda información que la CPU necesita con más frecuencia. Por ejemplo:

Registro de instrucción (RI)	Almacena la instrucción que se ejecuta
Registro de datos (RD)	Almacena los datos de forma temporal
Registro de estado (RE)	Indican incidencia de las operaciones que realiza la ALU. Por ejemplo: el resultado de una resta es negativo

17. La velocidad de la CPU se mide en:

a) Segundos.
b) Minutos.
c) Hercios.
d) Milisegundos.

Respuesta correcta: c) Hercios.

La unidad de control contiene un reloj que sincroniza todas las operaciones elementales del computador. El período de esta señal se denomina tiempo de ciclo y es del orden de nanosegundos (10-9 segundos). La frecuencia del reloj, que se suele dar en millones de ciclos por segundo o Megahercios (Mhz), es un parámetro que determina en parte la velocidad del funcionamiento del computador.

18. ¿Qué memoria es más rápida?

a) Disco duro.
b) Registros de la CPU.
c) Memoria caché.
d) CD.

Respuesta correcta: b) Registros de la CPU.

La información se almacena según una jerarquía de memoria para optimizar el acceso y guardado de la información. La lectura y escritura de la información en los registros de la CPU es la más rápida. Después vendría la memoria caché, memoria principal (RAM) y dispositivos de almacenamiento (disco duro, memoria USB y CD/DVD).

19. ¿Qué memoria es más rápida?

a) Disco duro.
b) Memoria RAM (principal).
c) Memoria caché.
d) CD.

Respuesta correcta: c) Memoria caché.

La información se almacena según una jerarquía de memoria para optimizar el acceso y guardado de la información. La lectura y escritura de la información en los registros de la CPU es la más rápida. Después vendría la memoria caché, memoria principal (RAM) y dispositivos de almacenamiento (disco duro, memoria USB y CD/DVD).

20. Las memorias USB son:

a) Memorias magnéticas.
b) Memorias ópticas.
c) Memorias flash.
d) Memorias ROM.

Respuesta correcta: c) Memorias flash.

Las memorias USB son unos dispositivos de almacenamiento masivo que utilizan memoria flash para guardar la información. Se conectan mediante un puerto USB y la información puede ser modificada muchas veces durante su vida útil.

Solución al test n.º 20

1. a) 2^{10}.

2. c) 14.

3. a) La unidad de control.

4. d) Registros de la CPU.

5. d) Pista.

6. c) Ensamblador.

7. c) Estrella.

8. a) Rúter.

9. b) RJ-45.

10. d) 192.167.1.3.

11. d) 10.

12. c) Código ASCII.

13. b) De entrada.

14. c) Buses.

15. b) CPU.

16. d) Registros.

17. c) Hercios.

18. b) Registros de la CPU.

19. c) Memoria caché.

20. c) Memorias flash.

TEST N.º 21

Sistemas Ofimáticos. Procesadores de Texto: Principales funciones y utilidades. Creación y estructuración de documentos y plantillas. Manejo e impresión de ficheros. Hojas de cálculo: Principales funciones y utilidades. Libros, hojas y celdas. Introducción y edición de datos. Fórmulas y funciones. Gráficos. Gestión de datos. Otras aplicaciones ofimáticas

Capítulo 1. Procesador de textos

1. Para moverse al inicio del documento con el teclado, ¿qué debe pulsar?

a) RePág.
b) Inicio.
c) Ctrl + Inicio.
d) Alt + Inicio.

2. Para seleccionar todo el documento, ¿qué tecla debe pulsar?

a) Ctrl + E.
b) Ctrl + C.
c) Ctrl + V.
d) Ctrl + X.

3. ¿Qué tecla debe mantener pulsada para seleccionar junto con las teclas de desplazamiento (arriba, abajo, izquierda y derecha)?

a) Ctrl.
b) Enter.
c) Alt.
d) Shift.

4. Para cortar un texto ya seleccionado, ¿qué combinación de teclas tiene que pulsar?

a) Ctrl + X.
b) Ctrl + C.
c) Ctrl + V.
d) Ctrl + E.

5. Para guardar los cambios realizados, ¿qué combinación de teclas tiene que pulsar?

a) Ctrl + C.
b) Ctrl + V.
c) Ctrl + E.
d) Ctrl + G.

Capítulo 2. Hoja de cálculo

1. La celda de la fila 2 y columna B, ¿cómo se referencia?

a) 2B.
b) B2.
c) Las dos opciones primeras son correctas.
d) Las dos opciones primeras son falsas.

2. ¿Cómo se referencia el rango que va de la celda A1 hasta la celda A10?

a) 1A:10A.
b) A10:A1.
c) A1:A10.
d) A1, A10.

3. ¿Cuántas columnas tiene una hoja de cálculo?

a) 3 por defecto.
b) Las que se ven en pantalla.
c) 65.635.
d) 1024.

4. Si pulsa Ctrl + Fin, ¿hacia dónde le lleva el cursor?

a) A la última fila.
b) A la última columna.
c) A la celda de la última columna y última fila que tenga datos.
d) A la celda de la última columna y última fila.

5. Por defecto, si ve un 1 en una celda, ¿cómo sabrá si se trata del número 1 o del carácter 1?

a) Si está alineado a la derecha es el número, si no, será el carácter 1.
b) Si está alineado a la izquierda es el número, si no, será el carácter 1.
c) Si está alineado en el centro es el número 1, si no, será el carácter 1.
d) Si está en cursiva es el número 1, si no, será el carácter 1.

Capítulo 3. Gestión de datos

1. En una tabla, el campo que tiene que tener siempre se denomina:

a) Llave primitiva.
b) Llave primaria.
c) Llave principal.
d) Llave óptima.

2. ¿En qué casos la llave primaria puede estar sin valor?

a) Cuando es de tipo Integer.
b) En ningún caso.
c) Cuando es de tipo fecha.
d) Cuando es de tipo Numeric.

3. En el tipo Integer, ¿hasta cuántos dígitos puede tener el dato?

a) Hasta 4.
b) Hasta 5.
c) Hasta 6.
d) Hasta 10.

4. En el tipo VARCHAR, ¿hasta cuántos caracteres se pueden escribir en el campo?

a) Hasta 256.
b) Hasta 1024.
c) Hasta 32700.
d) Hasta 2040.

5. En la tabla Libro que tiene los siguientes atributos: Autor/a, ISBN, Título, Año, ¿cuál de los atributos pondrías como llave primaria?

a) Autor/a.
b) ISBN.
c) Año.
d) Título.

En MADTEST tienes **más preguntas de este tema**, **comentadas y argumentadas**, y todos tus avances quedan registrados y se reflejan en el ranking.

¡Supera tus límites con MADTEST!

A continuación te presentamos algunos ejemplos de preguntas comentadas:

Capítulo 4. Otras aplicaciones ofimáticas

1. El programa de LibreOffice de diapositivas se denomina:

a) Power Point.
b) Calc.
c) Writer.
d) Impress.

Respuesta correcta: d) Impress.

Las funcionalidades del software de presentaciones *Impress* tiene prestaciones similares a *Microsoft Power Point*.

2. Para duplicar una diapositiva hay que dirigirse al menú:

a) Archivo.
b) Diapositiva.
c) Pase de diapositivas.
d) Edición.

Respuesta correcta: b) Diapositiva.

Diapositiva: permite insertar una diapositiva nueva y duplicarla. Establecer una imagen como fondo y navegar por las diapositivas de la presentación. También configurar los efectos de transición de las diapositivas seleccionadas. Así como, se pueden establecer elementos comunes de las diapositivas (patrón) como la fecha y hora, número de diapositiva, cabeceras y pies de página.

3. Para introducir unas viñetas en una presentación te tienes que dirigir al menú:

a) Archivo.
b) Formato.
c) Pase de diapositivas.
d) Edición.

Respuesta correcta: b) Formato.

En *Formato* se pueden aplicar los distintos formatos a los textos, a los párrafos, aplicar numeración y viñetas. Además se puede aplicar un diseño predefinido a la diapositiva.

4. Si pulsas Ctrl+P en el Impress, ¿qué deseas?

a) Guardar la presentación.
b) Cerrar la presentación.
c) Iniciar la presentación.
d) Imprimir la presentación.

Respuesta correcta: d) Imprimir la presentación.

Hay tres formas distintas:

–   Hacer clic en el botón *Imprimir archivo* directamente ubicado en la *Barra de Herramientas* (icono de impresora).

–   Hacer clic en el Menú *Archivo* y luego en la opción *Imprimir*.

–   Presionar la combinación de teclas *Control + P*.

5. Para exportar a pdf una presentación hay que ir al menú...

a) Archivo.
b) Formato.
c) Pase de diapositivas.
d) Edición.

Respuesta correcta: a) Archivo.

En *Archivo* puede realizar acciones como: crear, abrir, guardar, cerrar una presentación. Además de imprimir.

Solución al test n.º 21

Capítulo 1

1. c) Ctrl + Inicio.

2. a) Ctrl + E.

3. d) Shift.

4. a) Ctrl + X.

5. d) Ctrl + G.

Capítulo 2

1. b) B2.

2. c) A1:A10.

3. d) 1024.

4. c) A la celda de la última columna y última fila que tenga datos.

5. a) Si está alineado a la derecha es el número, si no, será el carácter 1.

Capítulo 3

1. b) Llave primaria.

2. b) En ningún caso.

3. d) Hasta 10.

4. c) Hasta 32700.

5. b) ISBN.

Capítulo 4

1. d) Impress.

2. b) Diapositiva.

3. b) Formato.

4. d) Imprimir la presentación.

5. a) Archivo.

Redes de Comunicaciones e Internet: Conceptos elementales. Navegadores. Búsquedas de información. Servicios en la Red. El correo electrónico: Conceptos elementales y funcionamiento. La Administración Electrónica en la Junta de Andalucía. Servicios Telemáticos al ciudadano. Normativa de los empleados públicos en el uso de los sistemas informáticos y redes de comunicaciones de la Administración de la Junta de Andalucía. Sistemas de Información Horizontales de la Junta de Andalucía

1. Las siglas de una red de área local son:

a) WAN.
b) LAN.
c) PAN.
d) WWW.

2. En una red local, ¿cuál o cuáles de estos elementos no constituyen el hardware de la red?

a) Cables.
b) Ordenadores.
c) Antenas WIFI.
d) Sistema operativo de red.

3. ¿Cuál de las siguientes redes es más extensa?

a) MAN.
b) WAN.
c) PAN.
d) LAN.

4. El WIFI es una topología de red:

a) Estrella.
b) Anillo.
c) Bus.
d) Mixta.

5. La topología de red más fácil de mantener es:

a) Anillo.
b) Bus.
c) Mixta.
d) Estrella.

6. ¿En qué topología todos los ordenadores son capaces de leer todos los mensajes de la red?

a) Anillo.
b) Bus.
c) Mixta.
d) Estrella.

7. ¿Qué dispositivo de red reenvía el mensaje a todos los puertos?

a) Hub.
b) Switch.
c) Rúter.
d) Ninguno de los anteriores.

8. ¿Qué dispositivo de red actúa como puerta de enlace?

a) Hub.
b) Switch.
c) Rúter.
d) Ninguno de los anteriores.

9. El cable de red no apantallado se denomina:

a) STP.
b) UTP.
c) ATP.
d) APTP.

10. Para conectar un PC con el switch se necesita un cable UTP:

a) Cruzado.
b) Directo.

c) Cruzado o directo.
d) Ninguna de las respuestas anteriores.

11. Una IP está formada por:

a) 1 byte.
b) 2 bytes.
c) 3 bytes.
d) 4 bytes.

12. ¿Qué protocolos son los más importantes en internet?

a) TCP/IP.
b) UDP/IP.
c) UDP/TCP.
d) Wifi.

13. ¿Cuál de estas conexiones de internet es más rápida?

a) RTB.
b) RDSI.
c) ADSL.
d) RTC.

14. Para navegar por las páginas se utiliza el servicio:

a) WWW.
b) Ttt.
c) Adsl.
d) Rtc.

15. La URL de una página que deseas ver, ¿en qué parte del navegador se pone?

a) Barra título.
b) Barra de direcciones.
c) Barra de Herramientas.
d) Barra de inicio.

En MADTEST tienes **más preguntas de este tema, comentadas y argumentadas**, y todos tus avances quedan registrados y se reflejan en el ranking.

¡Supera tus límites con MADTEST!

A continuación te presentamos algunos ejemplos de preguntas comentadas:

16. El navegador desarrollado por Google se denomina:

a) Microsoft Edge.
b) Mozilla.
c) Chrome.
d) Safari.

Respuesta correcta: c) Chrome.

Google Chrome es un navegador web desarrollado por Google. Está disponible gratuitamente bajo condiciones de servicio específicas. Google Chrome es un navegador que se caracteriza por su simplicidad, por lo que es ideal para personas con poco dominio en la navegación web. Por ejemplo, la barra de direcciones también cumple la función de barra de búsqueda.

17. A los ordenadores que acceden a la información guardada en un servidor se les denomina:

a) Huéspedes.
b) Clientes.
c) Consumidores.
d) Usuarios.

Respuesta correcta: b) Clientes.

En Internet se usa la arquitectura cliente-servidor. Esta arquitectura consiste básicamente en unos clientes que realizan peticiones a otro programa denominado servidor que le da respuesta. Así, en la red cliente-servidor todos los clientes están conectados a un servidor, en el que se centralizan los diversos recursos y aplicaciones con que se cuenta.

18. ¿Cuál de estas funciones no la realiza el rúter?

a) Puerta de enlace.
b) Dirigir los paquetes de información desde la LAN a Internet.
c) Modula las señales enviadas desde la red local para que puedan transmitirse por la línea ADSL.
d) Repite cada paquete de datos en cada uno de los puertos.

Respuesta correcta: d) Repite cada paquete de datos en cada uno de los puertos.

Entre las principales funciones del rúter está la de que cuando le llega un paquete procedente de Internet, lo dirige hacia la interfaz destino por el camino correspondiente, es decir, es capaz de encaminar paquetes IP.

19. ¿Qué medio de transmisión es más rápido?

a) UTP.
b) STP.
c) Fibra óptica.
d) Cable coaxial.

Respuesta correcta: c) Fibra óptica.

El cable de fibra óptica es apropiado para transmitir datos a velocidades muy altas y con grandes capacidades debido a la carencia de atenuación de la señal y a su pureza. Pero su precio es elevado y su instalación es complicada.

20. Tú puedes enviar un e-mail:

a) Solo a un destinatario a la vez.
b) A dos destinatarios.
c) A los destinatarios que desees.
d) A las personas que estén almacenada en tu cuenta.

Respuesta correcta: c) A los destinatarios que desees.

Este campo se utiliza cuando se desea enviar un mensaje a varios destinatarios.

Solución al test n.º 22

1. b) LAN.

2. d) Sistema operativo de red.

3. b) WAN.

4. a) Estrella.

5. d) Estrella.

6. b) Bus.

7. a) Hub.

8. c) Rúter.

9. b) UTP.

10. b) Directo.

11. d) 4 bytes.

12. a) TCP/IP.

13. c) ADSL.

14. a) WWW.

15. b) Barra de direcciones.

16. c) Chrome.

17. b) Clientes.

18. d) Repite cada paquete de datos en cada uno de los puertos.

19. c) Fibra óptica.

20. c) A los destinatarios que desees.